作者简介

郑　晶，扬州中国大运河博物馆馆长，研究馆员。主要研究方向为博物馆学、博物馆社会教育。著有《南京博物院：一院六馆》《大运河的故事》等，发表论文十余篇，主持及参与博物馆教育、博物馆青少年教育、文化创意等课题多项。

徐小虎，扬州中国大运河博物馆展览展示部负责人，文博馆员。主要从事展览策划工作。发表博物馆相关论文十余篇，负责"中兹神州——绚烂的唐代洛阳城""观妙入真——永乐宫的传世之美""何止八怪——扬州绘画三百年"等多个展览。

缪斯

M U S E

文库

本书由中国博物馆协会与腾讯基金会"腾博基金"资助

《中国南方抗灾保种调查笔记·猪篇笔记》丛书编委会

主　编　刘建水

执行主编　毛家鑫

编　委　（以姓氏笔画为序）

原　伟　楼楼杭　蒋　良　李耀申　倪魁明

余莉芬　毛家鑫　宋同水　朱向东　张道芳　张　潼

因运河而生

Born because of the China Grand Canal

中国大运河博物馆

基本陈列

策展笔记

郑 晶 徐小虎 著

ZHEJIANG UNIVERSITY PRESS
浙江大学出版社
· 杭州 ·

图书在版编目（CIP）数据

因云尔生：中国大运河博物馆基本陈列策展笔记 /
郑晶，徐小虎著. —杭州：浙江大学出版社，2023.11（2025.6重印）
（中国博物馆陈列展览精品·策展笔记）
ISBN 978-7-308-23702-4

Ⅰ. ①因… Ⅱ. ①郑… ②徐… Ⅲ. ①大运河—博物馆
—陈列—展览—策划—扬州 Ⅳ. ①G269.275.33

中国国家版本馆CIP数据核字（2023）第071191号

图书在版编目

因云尔生
YIN YUN ER SHENG: ZHONGGUO DAYUNHE BOWUGUAN JIBEN CHENLIE CEZHAN BIJI
郑晶 徐小虎 著

策划人 葛玉丹
项目负责 陈洁
策划编辑 张蓉 陈洁 吴伟伟
责任编辑 包灵灵
责任校对 陈逸行
封面设计 程晨
责任印制 范洪法
出版发行 浙江大学出版社
（杭州天目山路148号 邮政编码：310007）
（网址：http://www.zjupress.com）
排 版 浙江大千时代文化传媒有限公司
印 刷 杭州钱江彩色印务有限公司
开 本 710mm×1000mm 1/16
印 张 16.25
字 数 248千
版 印 次 2023年11月第1版 2025年6月第2次印刷
书 号 ISBN 978-7-308-23702-4
定 价 88.00元

版权所有 侵权必究 印装差错 负责调换
浙江大学出版社市场运营中心联系方式：（0571）88925591；http://zjdxcbs.tmall.com

总　序

在社会主义文化强国建设的进程中，博物馆扮演着中华文明优秀成果守护者、传承者与传播者的重要角色。作为博物馆教育与传播的核心媒介，陈列展览成为博物馆守护文化遗产、传承中华文明、讲好中国故事的关键工作。好的陈列展览离不开好的策展工作。策展是构建陈列展览的过程，是通过逻辑和观念的表达，阐释文物藏品的多元价值，构建公众与遗产之间的对话空间，激发广泛社会价值与文化价值的思维和组织活动。博物馆策展的理论与实践水平，很大程度决定了陈列展览的思想境界、文化内涵、艺术品位与传播影响。因此，博物馆策展的学术研究和业务能力建设是提高博物馆陈列展览工作业务水平和影响效果的重要途径；某种意义上，也是促进我国博物馆事业高质量发展的关键所在。

"中国博物馆陈列展览精品·策展笔记"丛书的出版，正是源于对上述问题的思考。作为我国博物馆行业发展的协调者与促进者，中国博物馆协会长期致力于博物馆展陈质量建设和策展能力提升。在持续不断的摸索和实践中，许多博物馆同仁建议我们依托"全国博物馆十大陈列展览精品推介活动"，围绕一批业内公认的具有较大影响力与鲜明特色的获奖展览项目，邀请策展团队，形成有关策展过程和方法的出版物。在不断的讨论中，我们逐渐明确：这种基于展览策划的出版物，显然不同于博物馆中常见的对于展览内容及重点文物介绍的"展览图录"，而更适合被称为"策展笔记"。

所谓"策展笔记"，一方面，要聚焦"策展"的行动内容，也就是要透过展览看幕后，核心内容是展览从无到有的建设过程，尤其要重点讲述展览选题、前期研究、团队组建、框架构思、展品组织、形式设定、艺术表达、布展制作等当代博物馆展览策划的核心流程及相关体会。另一方面，要突出"笔记"的内涵风格。如果与记录考古工作的过程、方法与认识的"考古报告"相类比的话，"策展笔记"则是对陈列展览的策展过程、方法与认识的重点记录。与此同时，作为与"随笔""札记"等相似的"笔记"文体，也应带有比较强烈的主观性、灵活性和较高的自由度，宜以第一人称的口吻展开，重在呈现策展的心路历程与思考感悟，而不苛求内容体系的完整性与系统性；重在提炼策展的经验、理念、亮点，讲好值得分享的策展专业理论、专业精神、专业态度和专业手法等。我们相信，这样的"策展笔记"，不但可以作为文博行业了解我国文博系统优秀展览的"资料工具书"，也可以作为展陈从业者策展创新借鉴的"实践参考书"，还可以作为普通大众的"观展指南书"，帮助他们了解博物馆幕后工作，更好领略博物馆展陈之美。

丛书第一辑收集了 2019—2021 年度全国博物馆十大陈列展览精品推介的代表性获奖项目，覆盖全国不同地域，涵盖考古、历史、革命纪念等不同类型。由于缺乏经验借鉴，加之展览类型的多元性、编写人员构成的差异性等，在撰稿与统稿过程中，我们遇到了远超预期的挑战。这些挑战包括但不限于：如何平衡丛书的整体风格与单册图书的个体特色；如何兼顾写作内容的专业性特质与写作表达的大众性要求；如何将策展实践中的"现象描述"转化为策展理念的"机制提炼"，充分体现策展的创新点和价值点；如何实现从"报告思维"向"叙事思维"的转型，生动讲述策展的动人细节；如何在分析个案内容的同时对行业的普遍性、典型问题进行有效回应，发挥好优秀展览的示范作用；如何解决多人撰写所产生的文风不统一问题，提高统稿工作的质量和效率；等等。幸运的是，在各馆撰稿团队的积极配合下，在专家的有力指导下，我们通过设定指导性原则、确定写作指南、优化统稿与编审机制等途径，一定程度克服了上述挑战难题，基本完成了预期目标。

这套丛书的问世，离不开撰稿人、专家和编辑的辛勤劳动。我们衷心感谢北京鲁迅博物馆（北京新文化运动纪念馆）、中国人民革命军事博物馆、山西博物院、吴中博物馆、扬州中国大运河博物馆、杭州市萧山跨湖桥遗址博物馆、山东博物馆、湖北省博物馆、盘龙城遗址博物院、成都武侯祠博物馆、陕西历史博物馆、秦始皇帝陵博物院、和田地区博物馆等博物馆策展团队撰稿人的精彩文本。同时，我们衷心感谢南京博物院理事长、名誉院长龚良，复旦大学文物与博物馆学系主任陆建松，浙江大学艺术与考古学院教授严建强，北京大学考古文博学院教授宋向光，上海大学现代城市展陈设计研究院执行院长李黎，西安国家版本馆（中国国家版本馆西安分馆）副馆长董理，清华大学美术学院副教授李德庚等多位学者、专家的认真审读与宝贵的修改建议。感谢浙江大学出版社董事长、党委书记、总编辑褚超孚，以及社科出版中心编辑团队的细致审校和精心编辑，他们的工作为丛书的顺利出版提供了坚实的保障。浙江大学艺术与考古学院"百人计划"研究员毛若寒博士在这套丛书的方案策划、组织联络、出版推进等方面，用力尤勤，付出良多。此外，还有许多在本丛书筹划、编辑、出版过程中给予帮助的专家、老师，无法一一列举，在此谨对以上所有人员致以最真挚的感谢和敬意。

严建强教授在一次咨询会上曾对这套丛书给过一个很高的评价，认为它是当代博物馆专业化建设的一个重要的里程碑。对于这个赞誉，我们其实是有点愧不敢当的。我们很清楚，丛书第一辑的整体质量还有待提升，离"里程碑"的高度存在一定差距。但通过第一辑的编辑出版，我们为接下来的第二辑、第三辑的编写积累了经验、增强了信心。今后，我们会继续紧扣"策展笔记"作为"资料工具书""实践参考书"与"观展指南书"的核心功能定位，继续深化对于博物馆展览策展笔记的属性、目标、功能、内涵、形式等方面的认知，努力通过策展笔记的编写，带动全行业策展工作专业水平的整体提升。这虽然是一件具体的事情，但对构建博物馆传承与展示中华文化的策展理论体系和实践创新体系，推动博物馆守护好、展示好、传承好中华文明优秀成果，为博物馆事业的高质量发展、为建设社会主义文化强国不断做出新贡献，是很有积极意义的。我们相信，有全国博物馆工作者的积极参与，我们一定能把这套丛书做得更好，做成中国博物馆领域的著名品牌。

是为序。

刘曙光
中国博物馆协会理事长

Born Because of
the China Grand Canal

一份流动与美好的传承

　　中国大运河（简称大运河）是中国古代建造的伟大工程，是世界上开凿时间最早、河道距离最长、工程规模最大、流域面积最广的人工运河。她，肇始于 2000 余年前的吴越大地，连接了钱塘江、长江、淮河、黄河和海河等五大水系，贯穿了浙江、江苏、安徽、河南、山东、河北、天津和北京等八个省市，衔接了陆上丝绸之路，延伸了海上贸易遥途。大运河与长城，在广袤的神州大地上勾勒出一个巨大的"人"字：长城万里，横亘东西；运河千年，纵贯南北。一撇一捺，是文明根基，是文化纽带，是民族风骨，更是中国气派。

　　习近平总书记曾对建设大运河文化带作出系列重要指示。江苏省认真贯彻落实习近平总书记关于保护好、传承好、利用好大运河文化的重要指示精神，按照中共中央办公厅、国务院办公厅印发的《大运河文化保护传承利用规划纲要》和中共中央全面深化改革委员会审议通过的《长城、大运河、长征国家文化公园建设方案》有关要求，致力于打造大运河国家文化公园的核心展示园、集中展示带和特色展示点，其中建设扬州中国大运河博物馆（简称中运博）是一项重要且紧迫的工作，目标是将其打造成为弘扬大运河文化的"传世之作""精品力作"。2018 年，中运博的建设正式启动。同年 3 月，大运河文化带建设被提升为国家战略，它成为展示中华文明的亮丽名片。

　　江苏作为大运河起源地和申遗牵头城市所在省份，致力于推进大运河文化带、大运河国家文化公园江苏段建设走在全国前列。中运博作为最能反映大运河文化的标志性工程，是全面展示大运河的历史文化与运河两岸百姓的美好生活的"百科全书"。2018年7月，时任江苏省委书记娄勤俭在南京会见了中国工程院院士张锦秋，感谢她为中运博选址、规划、设计工作的倾力付出，表示江苏将同她的团队通力合作，"打造充分展示国家精神、彰显历史文化、体现时代特色的建筑精品，使之成为最能反映大运河文化的标志性工程"。

在张锦秋院士的笔下，中运博宛若一艘扬帆的巨舸，向南直抵运河湾道。

2018年8月，江苏省明确了中运博是江苏省委、省政府谋划的重点工程，博物馆馆舍建设由扬州市负责，博物馆展览和运营由省文化和旅游厅负责，南京博物院（简称南博）具体组织实施。这是我们参与中运博建设、展览、运营的开始。此后，我们用两个月的时间完成了《中国大运河博物馆陈列展览及运转功能总体策划方案》，开始了任务艰巨、时间紧迫、困难巨大的博物馆建设与展览运营工作。

中国大运河是国家统一的象征，是中华民族智慧的象征，是中华文明开放包容的象征。大运河是物质遗产和非物质遗产的集成，是包含着运河文化的线性遗产，也是承载着运河精神的文化景观遗产。她已经超越了具象的物质遗产，成为中国的象征和中华民族的象征。2014年6月，中国大运河被列入《世界遗产名录》，被全世界瞩目。在这样的大背景下，打造一座运河类的专题博物馆，我们该从何处着手？

在前期实地调研的时候我们发现，国内已有六座大运河主题的博物馆：2004年开馆的中国隋唐大运河博物馆（安徽淮北）、2006年开馆的中国京杭大运河博物馆（浙江杭州）、2009年开馆的中国运河文化博物馆（山东聊城）、2011年开馆的中国漕运博物馆（江苏淮安）、2014年开馆的隋唐大运河博物馆（河南洛阳）、2014年开馆的大运河数字博物馆（江苏无锡）。

尽管如此，我们仍然要打造一座独一无二的中国大运河博物馆。

一、全流域多视角的展览定位

　　中运博的目标是成为展示大运河的"百科全书",成为一座从全流域、全时段、全方位角度解读大运河文化的专题博物馆,成为展示大运河作为文物保护单位、世界文化遗产地、国家文化公园的价值和作用以及大运河给人们带来美好生活的专题博物馆。

　　基于此,我们以大运河历史变迁为时间轴,以大运河的全流域为空间范畴,从大运河沟通南北、促进融合的维度入手,从大运河的遗址遗迹与遗物、运河上的舟楫生活、运河两岸的城镇生活三个视角规划了三个常设展览,通过多样的形式、丰富的互动、知识性与趣味性相结合的基本陈设,深度阐释、全面反映大运河的变迁,生动再现大运河是活态的文化遗产和流动的历史文脉:"大运河——中国的世界文化遗产"(简称"大运河展")以宏观叙事的方式,结合数字技术和现代展示手段,通过能反映运河历史、运河价值、运河文化的各类文物、文献、展品,在时间维度和空间尺度内,全面系统地阐释运河的历史文化、本体价值和象征意义,向中国人民和世界人民讲好大运河所反映的中国故事,展现大运河魅力和文化风采;"运河上的舟楫"(简称"舟楫展")以动静结合的展示手段,将知识信息、船体复原、布景、模型展示、互动项目、数字多媒体融为一体,形成一个集沉浸式体验、多层次叙事于一体的复合空间。展项与形式设计有机融合,便于观众了解大运河背后的文化,营造超越时空的绝妙效果;"因运而生——大运河街肆印象"(简称"运河街肆展")则是隋、唐、宋、元、明、清不同历史时期大运河沿线城镇历史景观再现的复合式展览。

　　"流动的文化　美好的生活",让展览讲述运河的前世今生,进而反映中运博的定位——全面阐释大运河的遗产价值和给人民带来的美好生活。

二、"百科全书"式的内容阐释

　　在零展品的基础上，我们根据展览需求不断征集展品、丰富阐释内容、彰显学术力量，全面展示大运河的历史面貌与文化价值。在征集过程中，我们经历了从征集"文物"到征集"藏品"，再从征集"藏品"到征集"展品"的转变。我们坚信，博物馆的征集原则之一是可利用，即所征集的物品应该在当下或可预见的未来有研究、教育和欣赏的功用。无论是藏品还是展品，只有被"展出来"、被"用起来"，才能发挥其最大的社会效益。

　　从"0"到"1"再到成百上千，从海内外征集到野外调查再到考古发掘，每一件展品都与展览主题息息相关，遗址剖面、古墓葬、古窑、古籍文献、书画、陶瓷器、金属器、杂项、动植物标本、碑刻砖石汇集在一起，雾集云合，中运博的故事才有了更加细腻的机理。1万余件（套）展品，一眼看去，星星点点映射出千年运河的绰约风姿。

　　至此，足以描摹我们心中的大运河——活态的文化遗产和流动的历史文脉。"大运河展"以历史叙事的方式全面系统地展示着中国大运河作为世界文化遗产的价值及其所取得的科技成就、所蕴含的工匠智慧、所承载的民族精神，展现着大运河同济天下的魅力。"舟楫展"从运河上舟楫的演变、舟楫的类型、古代绘画中的舟楫这三个角度，以78艘"运河上的百舸千帆——船模展示"以及沙飞船实体体验与多媒体虚拟体验两部分内容，构建了一个关于舟楫的知识体系，展示了大运河上的舟楫所带来的南北文化的共通与融合。"运河街肆展"以城镇历史景观再现的方式，通过中国传统建筑艺术和陈设艺术，打造了一个有真实业态、观众可参与互动体验的历史场景，依次再现隋唐宋时期、元明清时期段隋唐大运河、京杭大运河和浙东运河河段的"城市历史景观"。同时，我们引入业态经营和"活态"展演，通过非遗产品和展演活动展现非遗文化魅力，以三个不同角度、形式各异的常设展览全面反映大运河的开凿历史、先民智慧、国家治理和百姓的美好生活。

三、"虚实结合"的形式创新

　　一座从零开始的博物馆，必将以最新的展陈技术、展览概念去设计形式创新、互动丰富、知识性与趣味性相结合的展览。我们将展览、展示、展演融为一体，让展览亮点与博物馆定位高度契合：将考古发掘的大型遗迹和可移动文物组合，根据主题需要特别定制的大型复、仿制品，沉浸式数字体验，城镇历史景观再现等，形式多元、层次丰富，最终给观众带来多元的参观体验。

　　在这里，博物馆不仅是展览空间，还是文化空间、旅游空间、休闲空间以及购物空间。多元的参观体验让大运河文化带建设具有鲜明特色，集展览、学习、活动、剧场、文创、餐饮于一体的"一站式"服务是新时代文旅融合背景下大运河国家文化公园休闲服务的创新性尝试。

　　透过宽23米、高15米的巨型玻璃幕墙，内庭院景观直收眼底。从大厅延伸至内庭院的黑金沙地面宛如一面水镜，与巨型玻璃幕墙相互映衬，共同构成干净纯粹的景观。内庭院由大运河沿线地区特有的石材和树木组合而成，既与圆形展厅外墙相呼应，又契合了大运河沿岸的自然景观特色。人们可以在内庭花园和屋顶花园感受扬州的园林特色，可以在大运塔和今月桥上俯瞰整个三湾景区，可以在庭院咖啡馆里欣赏光影的变化，也可以在水韵剧场观看传统戏曲展演，还可以在公众餐厅品尝非遗美食，分布于馆内外空间的现代雕塑艺术品也有效地提升了博物馆的艺术氛围，营造出运河文化的美学属性。

在这里不仅有形式创新的展览，还有多重创新的文化休闲娱乐空间，我们是文旅融合的先行者、探索者。

四、"量身定制"的主题空间

我们的常设展览注重阐释视角、体验方式的差异化，大型展品和高大空间相得益彰，凸显恢宏的设计风格，呈现运河文化知识传播的全面性和多样性。我们根据展览内容和形式设计规划展厅空间高度和参观流线，展厅层高从9米到17米不等，展览从真实的、静态的、不可触摸的向沉浸式、动态的、可体验的过渡。

为反映大运河作为巨型线性文化遗产的原真性，"大运河展"对与大运河本体关系最为密切的文物展品——河南开封唐宋汴河州桥遗址河道剖面、江苏仪征拦潮闸体、江苏镇江唐代成对船形砖室墓、江苏宜兴宋代窑址等作了复原展示。将"不宜移动"的大型文物变为博物馆展品，变"不动"为"动"，最大限度地将文物自身价值利用起来。此外，根据主题需要定制了大型复、仿制品和模型，让文物"活起来"，物善其用。

我们利用先进的科技手段将长25.7米、高8米的汴河州桥遗址河道剖面完整揭取，置于展厅中直观展示。作为整个展厅中尺寸最大的展品，它给观众带来的震撼不仅仅在于它的庞大，还在于它的恢宏厚重，它完整而倔强地呈现了一条河流在千年时光中的沉淀与变迁：剖面上蜿蜒的地层线标注着唐朝至现代的沧桑岁月，布满的砖石颗粒、砖瓦陶瓷、动物骨骼、生产工具……让观众真切感受到汴京"八荒争辏，万国咸通"的繁盛历史。

展览的恢宏呈现、展品的空间契合，都得益于我们为中运博"量身定制"的展厅。为确保参观流线设计契合展览体系架构，中运博在规划之初就同步统筹展览策划与博物馆空间规划、展线设计的关系，充分利用建筑的空间特色和参观流线，使每个展厅的展陈空间不仅符合展览需求且各有特点，每个展览都是主题、展品、空间、技术融为一体的协调展现。

"此河两岸是家乡"。大运河是流动的文化，延续了中华文明的辉煌历史。回首数千年，运河开通，滋养兆民，铸就了运河两岸中华儿女生生不息的家国情怀，塑造了中华大地多元一体的文化格局。走进新时代，大运河文化带建设方兴未艾，国家文化公园规划有序推进，古老的大运河以新生的文化景观形态，发挥着世界文化遗产的卓越魅力，彰显着中华民族改革创新的时代精神和兼收并蓄的文化品格。我们愿以此书为窗口，和业内同仁、广大公众共享我们建设国家文化公园内博物馆的经验、策划运河专题博物馆展览的幕后故事，更愿意分享我们的成长历程。

因蓮而生

Born Because of
the China Grand Canal

一次全流域全时段全方位的启航

　　观众走进中运博，会在润物细无声中感知整个场馆和展览所传递的运河元素，场馆外是运河三湾景区、场馆内庭院是充满运河元素的花园、墙角的浅浮雕是象征运河的水波纹，这些氛围营造为展览构建的运河知识体系做了很好的铺垫。我们的展览致力于全景传达运河带来的美好生活，同时也希望参观中运博可以给观众带来美好的心情。

一、纵贯古今的运河历史

　　"大运河展"作为中运博最为重要的基本陈列之一，旨在全面系统展示中国大运河的历史面貌与文化价值。在内容设计上，通过高大宏伟的序厅向观众展示运河历史的波澜壮阔（图2-1）。同时，按"运河沧桑 王朝基业""天工慧光 中华勋业""融通九州 社稷鸿业"和"泽被天下 万民生业"四个部分，依次展现大运河的开凿历史、水利工程、国家管理和经济文化，深入阐释运河的历史意义和本体价值；第五部分"通古达今 千秋伟业"则结合大运河申遗历程

图2-1 序厅

展望新时代运河建设愿景，着重表达运河的象征意义。

"大运河展"展厅总面积约3000平方米，层高9米，展线总长约510米。展览以约5800件（套）文物、图表、影像、模型，结合数字技术等现代手段综合展示。展览形式、空间设计从三方面展开：一是追求真实，以10余件大型展品为核心，形成主题展品体系，以"物"说话；二是空间营造，突出大型核心展品，充分利用建筑的高度优势，构建疏密有序、高低错落、通透关联的高大开敞空间，追求最佳观感；三是现代极简，聚焦大型展品的视觉艺术，着重对视觉元素与展品使用功能的整合与再造，打造现代感极强的艺术空间。

为使观众全面把脉运河历史，我们内容、形式、空间设计三管齐下，图、文、

图2-2　历代运河变迁

物和影像在超大空间实现极致契合,呈现出专业、权威、通俗、易懂,富有记忆的展览,为大家讲述大运河里的中国故事,呈现世界文化遗产视角下的中国大运河。

中国大运河肇始于春秋晚期,隋朝第一次将其全线贯通,至明清达到鼎盛,贯穿北京、扬州、杭州等35座城市,是世界上开凿最早、规模最大、里程最长的用于运输的运河,是中华民族智慧的结晶和中国人民勤劳勇敢的体现。

序厅部分作为"大运河展"的起点,通过高达数米的历代运河变迁电子沙盘,为观众动态展示大运河变迁过程、流经地自然环境,使观众了解什么是运河(图2-2)。

（一）观沧桑运河之历史沿革

在第一部分"运河沧桑 王朝基业——大运河的历史变迁"中，我们通过"史前水利 文明发轫""运河肇始 诸侯争霸""漕运相助 帝王称雄""帝国一统 运河贯通""截弯取直 纵贯南北"的内容设计，大型核心展品与高大空间结合的空间形式设计，讲述大运河线性发展史，观众可以在此了解为何开凿运河，古人为什么能够开凿运河，开凿过程的艰辛，等等。

远古先民逐水而居，自然河流不仅提供了丰沛的水源，也为出行、迁徙提供了便利。在土壤肥沃的河川之滨，古人开沟引水，拓荒垦殖，饭稻羹鱼，繁衍生息，开启了中华文明的先声。

随着生产资料的发展、生产技术的进步，国家开始产生，历经夏商周时期，中国进入了长达500多年的春秋战国，诸侯伐交频频。为取得战争胜利，诸侯王开始重视水利，吴王夫差就是其中的典型。因此，我们在"运河肇始 诸侯争霸"单元，通过文物详细讲述吴王下令开凿邗沟的过程，展示大运河的源头。

从战乱频发的春秋战国走过，帝国一统的秦汉奏响了大运河发展的前奏，在"漕运相助 帝王称雄"单元我们展示的是秦汉帝王如何通过开凿运河达到加强统治的目的。

自秦建立大一统帝国，历代帝王无不以漕运为重，沟通全国，加强统治。公元前221年，秦始皇在丹徒"凿破长陇，截其直道"，修成了镇江到丹阳的运河；又在檇李（今嘉兴）和钱塘（今杭州）之间修建陵水道，江南运河初步形成。西汉吴王刘濞建都广陵（今扬州），开凿了西通扬泰、东达海滨的茱萸沟，也称运盐河。二者共同为隋唐大运河的开通奠定了基础。

激扬于大一统的秦汉之后，兵燹祸结的魏晋南北朝时期接踵而来，南北两地的人们怀揣对国家统一的希冀，通过运河维持联系。为展现这一特征，我们在展厅中将丹阳陵口石刻与从国内揭取的体量最大的土遗址剖面——河南开封州桥遗址汴河

图2-3　"运河沧桑　王朝基业——大运河的历史变迁"展厅

剖面南北相对展示，以表达当时百姓对于南北统一的强烈愿望（图2-3）。

同时，两件大型展品组合展示，使展品与展览空间更好契合，以空间语言阐释线性历史，营造视觉冲击，很好地解决了如何将文本资料更好地转化为生动展陈的问题。

隋朝的统一结束了中国长期分裂的局面，也拉开了大规模整治运河的帷幕。隋炀帝营建东都洛阳，开凿了以洛阳为中心的运河，连通了黄河、长江流域，大运河成为连接经济富庶地区与国都的纽带，并在隋唐时期迎来了她的发展高峰。因此，在"帝国一统　运河贯通"单元，我们着重讲述了隋开运河、疏浚河道，大运河第一次全线贯通的历史。

"隋朝开河，唐宋受益。"隋大运河的开凿是中国最浩大的水利工程，为唐宋时期国家统一、社会经济空前繁荣发挥了不可替代的作用。洛阳、扬州、开封等城市，因河而兴，成为繁盛一时的商业都市，"唐宋繁华 实仰东南"的局面随之而成。因此，展览以扬州、开封为代表，通过精美文物、模型，展现大运河对城市繁荣的贡献。

如今大运河南北缀连江河，东西联络海陆，而你是否知道她也曾走过不少"弯路"？在元代之前，大运河还连接河南和安徽段，但随着元代定都大都（今北京），国家政治中心北移，河南和安徽的河段逐渐被废弃。南北直行，航程缩短的便利，根本上改变了淮河以北大运河的格局，京杭大运河由此诞生，成为世界上最长的人工河渠。因此，我们在"截弯取直 纵贯南北"单元，介绍元明清三代对大运河的整治修葺、新建改建。

千年铁瓮城，卅米石板路。铁瓮城遗址发掘区出土的石铺路面遗迹既是镇江地区运河变迁的见证者，也是"因运而生"兴旺蓬勃的受益者。

为活态化呈现这一阶段历史，我们在展厅中预留了足够空间，展示了明清铁瓮城道路遗迹，延伸历史轴线，并将其与其他展品组合展示，开放式陈列的长条状石板路，东邻《京杭道里图》长卷，西侧为两艘古船的仿制模型，三组展品均呈南北走向，以石板路为中轴线，展线流畅，视野开阔（图2-4）。

图2-4　明清铁瓮城道路遗迹展厅

（二）叹水利工程之巧夺天工

看过大运河的波澜变迁，沿着展线向前，我们在第二部分"天工慧光 中华勋业——大运河的科技成就"中，仿照历史长廊的形式，将宽大空间与狭长转折走道结合，让观众能以轻松的心态，透过沿途的知识版面和展示的文物，了解古人是如何通过水源工程、水道工程、衍生工程、水工科技以及清口枢纽工程，综合解决汇水、引水、节水、行船、防洪等难题，使大运河真正成为连通全国的交通网络。

水源供应是运河正常运行的基础，尤其在水资源紧缺的北方，水源的丰匮更是修建运河成败的关键。我们在第一单元"引水济运——大运河水源工程"以"凿渠引泉"的引水工程和"积水成柜"的储水工程为阐释内容，以白浮引水沙盘、南旺分水枢纽机电沙盘为中心，解答古人如何通过修建大运河水源工程避免运河干涸的问题。

所谓"凿渠引泉"是指引水渠所引之水。元初开凿的京杭大运河因没有合适的水源，无法直通京城，为解决通州至京城最后一段漕运，水利工程专家郭守敬于至元三十年（1293）开凿通惠河，使南北走向的京杭大运河得以全线贯通。白浮引水工程沙盘，即直观展示这一水源工程建设（图2-5）。

"积水成柜"，这里的"水柜"即水库，是古代调节运河供水的蓄水工程，指在山丘地区筑坝截取溪流或在运河两岸洼地四周筑围堤蓄积地面坡水、泉水，以及从天然河流引水。设闸控制，缺水时放水入运河，水大时放入"水柜"，例如洪水来临时将之泄入水柜蓄存，待运河需水时再回注。

南旺分水枢纽是这一工程的代表。为增加展示趣味性，我们建造了一个南旺分水枢纽机电沙盘（图2-6），观众可以通过动态演示，了解南旺分水枢纽是如何紧扣"引、蓄、分、排"四个环节，助力漕船翻山越岭，进而保证漕运畅通。

图2-5 白浮引水沙盘（上）
图2-6 南旺分水枢纽机电沙盘（下）

　　与大运河水源工程需要勾连其他水系不同，大运河的水道工程则是相对独立的工程体系，我们在第二单元"疏川导滞——大运河水道工程"即为大家讲述大运河是如何不断脱离自然水道，通过"河道调控""航深控制""水量节制"演变为相对独立的工程体系的过程。

　　大运河河道或利用天然河流改造而成，起到"以弯代闸"的功效，或由人工挖筑而成。按照具体功能可分为用于通航的主航道、越河和支线运河，用于调控水量的引河和减河等，达到"河道调控 曲直有度"的效果。

　　大运河穿江过河，受降水、河流水量以及潮汐等自然影响，人工河道和天然河流存在动态水位差，因此交汇处的运口工程具备水位调节功能。在运河纵向坡降较大的河段，也需要节制水流的工程来维持基本的通航水深。为此，水利专家兴建潮闸、复闸和澳闸，达到"航深控制 涨落有序"的目的。

　　为使观众更好地了解其运行原理，我们以仪征拦潮闸为主要大型展品，辅以长安闸和京口闸，讲述其在水位调节方面发挥的作用（图2-7）。

　　仪征拦潮闸有"江北第一闸"美誉，是大运河上最具代表性的古代水利工程之一。拦潮闸内河道的淤积层是展示地方运河原真性的绝佳展品，因此我们将长6米、厚1米、高2.4米的河道堆积剖面在展厅整体呈现，观众在剖面中可以清晰看见近现代的生产生活用品。

　　与仪征拦潮闸展位相对的，是位于江南运河上的世界水运史上现存建筑中保存最好、年代最早的复闸——长安闸。其首创的闸澳制，达到了引潮行运、蓄积潮水、水量循环利用的多重工程目的，我们在展厅通过沙盘复原配以运行原理视频为观众生动讲解。

　　在长安闸之外，还有一座被称为"江南运河第一闸"的京口闸。它是重要的标志性水工设施，为历代漕运咽喉、交通枢纽。我们在此绘制了北宋、南宋两个时期的京口澳闸系统示意图，以对比展示京口澳闸在百年间的变化。同时，利用从京口闸出土的建筑构件、舟楫用具、铜钱、陶瓷器及绘制的运河上百姓

图2-7　仪征拦潮闸河道堆积

辛勤劳动的画像，为观众构建关于京口闸的想象。

　　为了保障航运安全，古人还会修建拦水坝和溢流闸，以拦阻、排泄水量，确保运河水量充足并防止运河决溢，至此"水量节制 河运安澜"。

　　同时，通过合理布置堰坝，沟通天然河道与人工水道控制运河水量，有效地减少洪水期运河决堤的风险。

　　有"土载四行 夯土成堤"，如隋大业元年（605），开通济渠，两岸夯土成堤，现在发现的唐宋时期河南商丘夏邑段南北二堤，分布着密集的木桩遗迹，这些都充分显示了隋唐宋时期先民对土体材料性质的掌握与夯筑技术的运用；也有"桑土之防 拦水堰坝"，如被誉为"水上长城"的洪泽湖大堤（高家堰），其筑堤成库规划和直立条式防浪墙坝工程技术代表了当时世界最高水平的水利规划和施工技术；更有"因势利导 溢流堰闸"的流堰闸，乃是为防止水流盛涨、危害河堤和渠道安

图2-8　运河船闸实景复原

全所建，代表是江苏高邮的平津堰，这是目前在淮扬运河段发现的唯一的堰。

　　中国是建造船闸最早的国家，船闸是应用最广的一种通航建筑物，一般建在河流和运河上。为让观众设身处地感受水利工程的壮观，我们以刘堡闸为例进行运河船闸实景复原。刘堡闸是淮扬运河宝应段东堤的一处减水闸，闸址平面呈"〕〔"形，由地丁、铺地石、南北闸墙、摆手四部分组成。刘堡闸遗址格局完整，"四至"清晰，是京杭大运河扬州段中保存较为完整的水利工程设施之一（图2-8）。

　　看过了大运河的水源、水道工程，大运河科技工程之旅远未结束，她还产生了许多衍生工程，诸如大量的附属建筑和设施建设，共同构成了系统性、综合性的运河工程。

　　在"水陆萦回——大运河衍生工程"中，首先呈现的是一个由各式桥梁组建的高大展陈空间，桥梁模型与复原桥梁相结合，为观众带来视觉上的冲击。

　　州桥不仅仅是文人墨客笔下与脉脉流水共同出现的诗意画面，更是承载车马往来的交通设施，所谓"拱桥平纤 交通八方"，我们通过数个桥梁模型及知识展板，为大家介绍各地桥梁风貌。

　　桥梁以高拱形石桥较为常见，往往采用半圆拱形，外形壮丽，桥下空间大，利于大小船只通航，江南地区典型的有汴水虹桥、无锡清名桥、苏州宝带桥，杭州拱宸桥、绍兴八字桥等。

　　在展厅里，我们选择将虹桥进行复原展示。虹桥曾是大运河上最有名的桥梁之一，最大的特点就是既没用钢筋水泥，也没用钉子，只是通过一段段小木头的相互支撑站立起来连通两岸。为体现虹桥规模，我们利用金属玻璃增强虹桥的延展性，展现"一架虹桥飞南北"的气势。同时辅以拱宸桥模型，在一大一小两座桥间形成视觉落差，为观众带来渐进式感受（图2-9）。

　　自运河开凿以来，众多生民赖以为业，经年日久，形成了完整的治理体系，所

图2-9　虹桥、拱宸桥展厅

图2-10 "水工繁峙——清口枢纽工程"展厅

谓"官衙严整 管理循章"。总督河道部院署（济宁）和总督漕运公署（淮安）是现存较为完整的遗址，我们通过爬梳历史文献，为观众绘制了相关建筑示意图以结合文物，由外至内展示当时的漕运机构。

为充分利用博物馆高大开敞的9米层高空间，我们在此处聚焦大型展品的视觉艺术。当观众穿过规模宏大的虹桥时，迎面而来的是几乎占据整面墙壁的另一件大型展品——"清口枢纽工程"电子沙盘。两个高大展品相互对应，形成视觉爆点，拉开第四单元"水工繁峙——清口枢纽工程"序幕（图2-10）。

元明清时期，政府为解决黄河在运口淤垫倒灌的问题而规划建设了清口枢纽工程，甚至有"清口通则全运河通，全运河通则国运无虞"之说。清口枢纽遂成为"转漕咽喉"，后来更是形成了庞大的水工建筑群。

在实践中，古人形成了对水的控制、开发、利用、管理和保护的规划构架。引水规划、河道渠化、湖区水利规划以及跨流域大型水利工程等，是古代水利规划思想的重要体现。在这些治水历程中，既诞生了西汉贾让、北宋郏亶、清代陈潢这样的"禹功俊英"，也产生了《水经注》《漕河图志》《河防一览》这类治水名篇，生动呈现了中国人民的治水经验。

图2-11 "融通九州 社稷鸿业——大运河的社会作用"展厅

　　"所谓举天下之役，半在于河渠堤埽者"，这里的"埽"即是指中国独创的用于护岸、堵口和筑堤的水工构件——埽工。它就地取材，制作较快，便于应急，是用于水利工程的"好帮手"。

（三）晓国家管理之天下转漕

　　第三部分"融通九州 社稷鸿业——大运河的社会作用"，由淮安漕运总督部院复原沙盘拉开帷幕，通过"河济天下——大运河与国家管理""水主沉浮——大运河与历代战争""运通四海——大运河与对外交流"三个单元，从国家视角，客观全面叙事，凸显国家兴衰与运河命运休戚与共的主题（图2-11）。

　　大运河流经六省二市，如何对其进行统一有效的管理，对历代统治者而言无不是一个巨大考验。"河济天下——大运河与国家管理"单元从水利专官、漕运漕政、粮仓钞关邮驿、闸坝管理等七个部分为观众揭示国家管理大运河的奥秘。

图2-12　淮安漕运总督部院复原沙盘

　　古代中国出于管理的需要建立了庞大的官僚系统，其中就有直接行使河道、水利管理权力的专门机构。这些制度严谨的机构，保障了运河的正常运转。

　　这里不能不提的，就是淮安漕运总督。所谓"天下九督 淮居其二"，明清两朝，淮安作为中央政府的河道治理中心、漕运指挥中心、漕粮转输中心和税收中心，地位不言而喻。因此，我们在展厅入口处复原展示了淮安漕运总督部院，奠定主题基调，在其旁展示出土文物、官府机构职责表的知识展板，几者共同表现了明清时期淮安漕运总督部院格局，展示出此类水利机构在保障运河正常运转和安全方面的巨大作用（图2-12）。

　　漕运，是历代王朝将征自田赋的部分粮食通过水路运往京师等地的方式，是伴随中国古代中央集权统治而产生的重要经济现象。这种形式兴于秦，亡于清，前后存续2000余年，逐渐形成一套完整的制度，在国家治理中发挥了不可估量的作用。

　　我们透过大型核心展品——鲁荒王墓木俑仪仗，向观众介绍了与大运河漕运息息相关的藩王出行的壮观场景，体现大运河的重要地位和漕运在中央体系中的特殊作用（图2-13）。

　　漕运漕粮相生相伴，大运河作为国家漕运通道，含嘉仓、回洛仓、黎阳仓等大型漕运粮仓是其作为漕运首要交通线的直接见证，展示了大运河作为交通大动脉的航运功能。在"仓廪充实 不竭之府"中，我们选择了具有代表性的回洛仓作为主要展品，并构建了单体模型，打造出巨大的半开放式的仓体空间。

　　而我们埋的"彩蛋"远不止于此。在巨大的仓体模型空间内，又设置了回洛仓城的沙盘和炭化粟遗存展示，既避免了地面空间的浪费，又充实了展陈内容，俯首间，观众宛如置身于大型仓体之中（图2-14）。

　　感受完这样的视觉冲击，观众将看到一个长达几米的通柜，这里展示的是一系列与国计民生息息相关的钞关邮驿、闸坝漕政文物，它们组合呈现国家对大运河全方位的管理。管理制度的编制标志着大运河国家管理的规范化、体系化、制度化和

图2-13　鲁荒王墓
木俑仪仗展柜

图2-14　回洛仓展厅

成熟化，因而这一单元的展示对于展览具有十分重要的意义。

　　自吴王夫差北上伐齐始，中国大运河与古代战争紧密相连。综观成皋之战、七国之乱、宋金对峙……运河的畅通滞塞直接关系王朝的兴盛衰败。当国家一统时，大运河又充分发挥其联通的作用，不仅贯通了中国南北，同时衔接、延伸了陆上丝绸之路和海上丝绸之路，促进了贸易往来，世界文明依靠大运河交流互动，不同文化在大运河的包容下交相辉映。

　　因此，在展厅空间规划中，我们以黄泗浦水井为中心，将"水主沉浮——大运河与历代战争"和"运通四海——大运河与对外交流"两个单元进行组合展示，整体展现大运河在国家治乱中发挥的重要作用。

　　黄泗浦是通江达海的干河，也是鉴真第六次成功东渡的地方，更是一个重

图2-15 黄泗浦水井展厅

要的贸易集散地，因此我们选择该遗址作为核心展品。在形式设计上，四周展柜以近似于半合抱的方式将水井囊括，显示出黄泗浦水井的核心展品位置，象征以其为圆心，对周围区域的贸易文化辐射作用（图2-15）。

（四）读万民生业之流蕴风物

大运河不仅是粮食、盐铁等物资运输的交通保障，更是沿岸腹地经济、文化交流的重要通道。为展现她对沿岸各级市镇的兴衰、新旧社会形态的更迭、民间风土人情的移化、中外经济文化的交流等产生的不可磨灭的影响及对全国统一市场的形

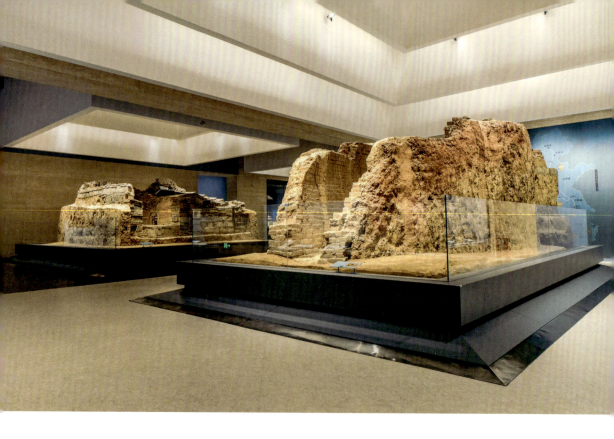

图2-16　宜兴宋窑与镇江唐墓展厅

成和社会形态变化的推动作用，我们在"泽被天下 万民生业——大运河的经济文化"部分，从"贸易往返 舳舻相接""百业新态 兴衰与共""神祇信仰 国祭民祀""风淳物阜 乐享生活"四个单元入手，力求全景展现大运河之于沿岸地区经济、社会、文化的价值。

稳定的水路运输极大地促进了货物流通，刺激了手工业的发展。大运河流经之处，即是商品贸易发达之所，她连接了陆上丝绸之路与海上丝绸之路，大量陶瓷、铜镜、茶盐、丝绸等由运河送抵全国各地，并销往海外。

大运河促进了沿岸城镇的勃兴和商贸的繁荣，整体搬迁至博物馆的唐墓和宋窑（图2-16），分别代表了运河沿线独特的生活方式和发达的手工业生产，成为该部分的核心展品。为呈现更好的展陈效果，我们采用圈层吊顶的设计，协调展厅挑高与展品高度，较为完美地实现了区域分割，同时又突出了展品的视觉聚焦。

　　大运河带来的经济文化交流对社会形态产生了直接影响。水陆交通的便利推动了沿岸市镇蓬勃发展，行业运输的需求带动漕帮、盐帮等社会组织壮大，经商群体的流动促使商业会馆遍地开花。19世纪末，运河沿岸的民族工商业快速崛起，这些新兴的社会形态与大运河息息相关，依托水路生存和发展。

　　在"百业新态 兴衰与共"单元，我们在阔大的展厅空间，以清代运河画舫（图2-17）为中轴，在画舫两侧，分别描绘运河沿线城镇发展和漕帮商会兴盛的场景，观众好似坐于画舫之上，欣赏运河两岸百业兴旺、生活富足的景象。

　　漕运自秦朝产生以来，为历代统治者所重视。唐朝时，出现了由国家统一调度管理的大规模、有组织的漕运，诞生了漕军群体。民间则出现了船队、漕帮、盐帮

图2-17 "百业新态 兴衰与共"展厅

图2-18 "神祇信仰 国祭民祀"展厅

等社会组织，大运河沿岸的商业会馆纷纷涌现，成为南北经济文化交流的实物见证。

感受大型空间带来的视觉冲击后，走入一道模拟运河两岸布局的狭长展厅，左右两侧的镇水兽、祈福文物等静静讲述着因大运河而产生的神祇信仰、国祭民祀（图2-18）。

大运河两岸，人们享受着运河舟楫恩惠的同时，也承受着行船水患带来的危害，官民通过祭祀各类水神期望水路畅通、诸事平安，逐渐形成了悠久的历史传统。我们通过"立庙祭祀 水神崇拜""祈福求愿 民间诸神"两部分，展现大运河对民间信仰产生的深刻影响，同时我们利用"彩蛋"形式，通过镇水兽（图2-19）可爱的自我介绍，为观众生动再现镇水兽的历史。

巨可爱的镇水犀

我有着大大的眼睛，粗壮的四肢，头上还有一个特角，静静地蹲坐在展厅里，你知道我是什么动物吗？对啦！我是一头犀牛，来自河南省开封市。但我可不是普通的犀牛哦，我是铁质的，全身是黑色的，像石头一样坚硬。我的故乡开封位于黄河的沿岸，据说在公元1387年的夏天，河水冲入开封，城内的居民遭受水灾。当时的官员为谦就带领大家修筑大堤，大堤修成后又建造了我。我面朝开封城，背对黄河，为城里的百姓镇水保平安，有很大的功劳呢！

但因为又巨大又巨可爱，忍不住抱抱我的观众太多，所以我被罩起来啦！

图2-19　镇水兽

在大运河沿岸繁荣经济的带动下，两岸逐渐形成了独特的运河风情民俗文化带，显现出沿岸居民丰富多彩的生活方式和积极向上的生活态度。在第四单元"风淳物阜 乐享生活"中，我们通过"节时岁庆 仪礼文化""东西美食 南北味道""演艺游戏 休闲竞技"全面展示运河沿岸百姓闲逸的生活。这里既有供"涮火锅"使用的"民国绿釉瓜果火锅"，也有色彩艳丽的"庆云楼"招牌，还有各式各样造型别致的食盒，弥漫着满满的生活气息。

（五）展遗产保护之千秋伟业

大运河是流动的文化，延续了中华文明的辉煌历史，铸就了中华儿女生生不息的家国情怀，塑造了神州大地多元一体的文化格局。走进新时代，大运河文化带建设走在路上，国家文化公园建设扎实推进，古老的大运河焕新重生。在尾声，我们通过"申遗之路 再续华章""文化纽带 时代新篇""国家公园造福人民"三个单元，展示大运河从保护、申遗到造福人民的过程。

我们还设立了5G大运河——沉浸式体验区，以裸眼3D的形式，通过5G+VR 720°全景视角和千亿级像素的超高清视觉等高科技互动技术，带观众"一镜到底"穿越17座运河城市，体验全新的沉浸式观展（图2-20）。

图2-20　观众参观"5G大运河——沉浸式体验区"

二、"一日千里"的运河舟楫

千百年间运河水流淌过缓缓时光。她，纵贯南北，在数千公里的土地上画下浓墨重彩的一笔；她，穿越古今，在数千年的时光中刻下不可磨灭的痕迹。

长风破浪，千帆竞渡的舟楫是她写在大地上最恢宏的图卷，而你是否也想在舟楫车马中领略运河古韵？接下来就跟随我们的脚步，在"运河上的舟楫"中体验多媒体互动下历史长河中收藏的大运河不朽的时光。

在这里，与过去，重逢在下一个转角。

"舟楫展"展览面积约800平方米，为带给观众"古今结合"的参观体验，我们在展厅中以实体体验结合多媒体虚拟体验的方式，打造了一个"知识性＋体验性"的展览，以78艘船模为骨，以 AR 文字阐释为脉，与1∶1建造的沙飞船体验空间，共同组成虚实结合的数字化沉浸式体验展览，呈现运河舟楫的知识体系。

运河上的舟楫生活知多少？让我们先睹为快！

运河舟楫，在时间洪流中，早已超越交通工具的表征，成为中华民族精神的象征。而我们，为具象阐释运河舟楫的象征精神，从"乘风破浪""百舸争流""两岸繁绘"三个单元入手，通过 AR 触摸屏等数字化装置的加持，展现运河上舟楫的发展历程、类型和运河两岸的美好生活。

当观众进入序厅（图2-21），巨大的主题浮雕立刻映入眼帘，一艘艘舟楫漂流而过，宛若天舟。其灵感取自《康熙南巡图》第六卷，运河与长江的交汇口"门外雪消春水满，往来舟楫不妨频"的盛况。

走过序厅，沿着流线型的参观线路，即进入展厅第一部分"运河上的百舸千帆——船模展示"。分布于参观动线两侧的近百艘高低起伏的船模，可带领观众了解古代舟楫的演变、不同舟楫的功能类型以及舟楫为百姓生活带来的便利。

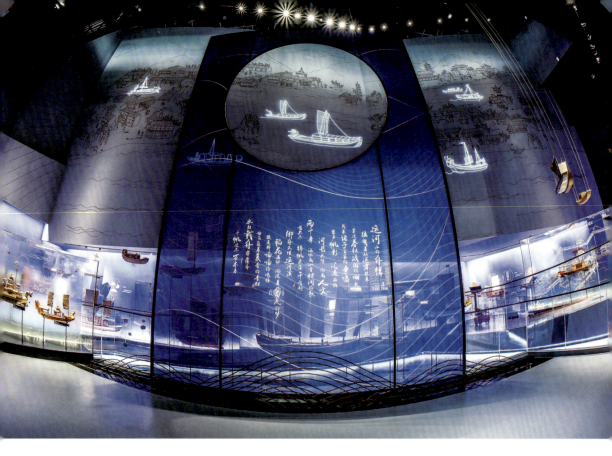

图2-21 "舟楫展"序厅

　　最先映入眼帘的是两艘极尽奢华的船模——龙舟和翔螭舟（也叫凤舟）（图2-22）。据唐代杜宝《大业杂记》记载，龙舟最上层有办公的朝房、卧室等，分正殿、内殿、东西朝堂和回廊；中有两层，共有160间房，皆用丹粉、金碧珠翠相饰，雕镂奇丽，再用流苏羽葆、朱丝网络装扮，金碧辉煌；下层为内侍、船工住所。龙舟后方跟随的是凤舟，叫"翔螭"，比龙舟略小，其他装饰无异。两舟分别为皇帝、皇后乘坐。

　　在震惊于龙舟凤舟高超制作技艺的同时，你是否也好奇我国舟楫演变的历史？展览第一部分"乘风破浪"将告诉你答案。在这里，你将看到世界上已知最古老的独木舟——浙江萧山跨湖桥遗址出土的距今约8000年的独木舟模型；也将感受春秋战国时期，令人血脉偾张的开凿运河的征程；更能跟随隋炀帝通

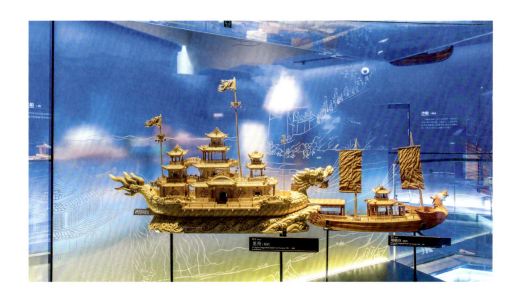

图2-22　龙舟和翔螭舟（也叫凤舟）

大运河、游江都，赏景行船，风头无两；也能一睹唐宋两朝以水密舱、平衡舵为代表的舟楫革新工艺；还能探究元明长期处于世界领先水平的中国造船技术，览尽运河舟楫风华。

如果说龙舟、凤舟和波澜壮阔的舟楫演变历史，让我们咋舌于古代高超的舟楫制作水平，那么沿着参观线路继续向前，观众将同样惊讶于现代科技的发达。在第二部分"百舸争流"中我们通过六个多媒体互动屏（图2-23），介绍所有船模的知识结构，让观众在互动探索中学习，帮助观众直观感知舟楫在当时的航行情况。

中国古代造船技术先进，水密舱、平衡舵等技术的发明与应用，丰富了运河舟楫的类型。自元朝起，京杭大运河全线贯通，漕运便利更胜往昔，舟来楫往，竞相争流，满足了不同人群的需求，促进了沿岸地区经济、文化的发展。

图2-23　互动装置展厅

　　中国古代的官办船厂主要打造战船、皇家船、官府座船、漕船以及差役船等，皇家船大多制作考究、装饰豪华，专用于帝王巡幸及运输御用之物。明朝皇家船已成体系，据《龙江船厂志》记载，当时所造黄船分为预备黄船、大黄船、小黄船、匾浅黄船。

　　清朝康熙、乾隆两位皇帝理政期间，曾多次乘坐皇家船沿运河南巡。为使观众直观感受，我们根据《康熙南巡图》中所绘座船复原了一艘康熙座船(图2-24)。整体船型装饰讲究，船身皆有彩绘，船的中部为大客舱，后面是四扇篷的客舱，船首部设有观景空间，船桅杆上挂黄旗，兼有黄伞盖，表明了皇帝的身份。除此以外，供统治者游乐的船只同样华丽异常，如安福舻、木兰艓。

　　江南水乡"以舟楫为舆马"，人们出行多离不开船。百姓生活中乘坐的客

图2-24　复原的康熙座船

船等民间船只，可供游览、迎亲、唱戏和宴会之用，有的客船也允许携带货物，被称为客货船。南来北往的客船和客货船，不但满足了京城市场对各类商品的需求，同时也刺激了运河周边城市的兴起与繁荣。

　　运河上还有不少扳桨摇橹的渔船，种类繁多，大小不一，这些在古籍中鲜有记载的渔船种类，在绘画中却有形象的记录。时至今日，运河沿岸的造船工匠们仍传承着传统渔船的修造技艺。

　　运河的开凿和疏通，给南北交流带来了便利，也给百姓生活带来了美好。画家笔下运河繁绘，气韵灵动、一派祥和。北宋张择端的《清明上河图》呈现了都城汴京的市井百态，明朝仇英的另一幅《清明上河图》描绘了江南水乡的生活富足，宫廷画师徐扬的《乾隆南巡图》则摹写了帝王出巡的浩大场面和恢宏气势。运河悠悠，

图2-25 "两岸繁绘"单元展厅

两岸繁华（图2-25）。

看过各式船型，让我们暂时与静态船模告别，走进沙飞船体验空间，在电光声色间，与古人来一场跨越时空、地域的对话。

沙飞船由扬州沙氏所造，因航速迅捷，故名"沙飞船"，也称"迎船""楼船"，是清朝的一种豪华客船，供大户人家娶亲或观戏使用，也是清代皇帝南巡时的船队用船。

为使观众体验古时沙飞船场景，我们根据展厅空间按照1：1进行复原。船舱中，有古意雕花的窗棂，有暖光微微的灯台，这不仅是刻有古人生活印记的集中展现，更是动静结合的展示手段、多媒体空间与实体船的联动、多感官的沉浸式视听体验的综合体现（图2-26、图2-27）。

图2-26　沙飞船内部空间（上）
图2-27　沙飞船沉浸式体验区（下）

图2-28　舟楫动力体验区

　　沙飞船内摆设精巧，沙飞船外风光无限。当你沉浸于船舱内的精妙装饰时，也别忘记走出船舱，看一看沿岸的风景。透过船舱两侧花格窗的缝隙，可以欣赏以故事形式呈现的半景画式数字巨幕影片，原本闭塞的船内视角被椭圆形的数字巨幕瞬间打开，强烈的空间延伸与视觉冲击扑面而来，观众将沉浸在数字技术营造的虚拟世界中，在体验中实现审美和价值观的提升。

　　舟为船，楫为桨，舟是载具，楫是动力工具，两者相辅相成。荡桨、撑篙、摇橹、拉纤、升帆，这五种推进船只行进的方式凝聚了古人的智慧。在舟楫的动力体验区（图2-28），我们通过投影播放和互动体验，展现运河上舟楫的"楫"，让观众了解如何操作不同类型的船只。

　　尾厅部分的墙面上描绘的是沙飞船的建造图。希望观众在细节中感受到非遗的魅力。与此同时，配以播放"舟楫展"建造过程的纪录片，不仅传递了舟楫的文化价值，更展现了运河文化传承保护中舟楫的重要性。

三、身临其境的运河街肆

　　了解了运河历史，看过了繁华的街景，你是否也想来一场跨越时空之旅？真正体验一次运河两岸百姓的生活？"运河街肆展"通过解读文明密语，为观众带来沉浸式的互动体验。

　　让我们在这里，与未来，相遇在灯火阑珊处。

　　"运河街肆展"展览面积约 3100 平方米，我们以"城镇历史景观再现"的模式，在 11.4 米层高的展厅中，构建了总建筑面积约 4636 平方米的两重观展空间，打造了一个有真实业态的历史场景，如在入口处设置了一座船形入口，沉浸式体验便从这里开始（图 2-29）。

图2-29　"运河街肆展"入口

　　我们按照"景""人""境"三大特点进行形式设计。"景"，指选取大运河沿线典型聚落作为复原对象，以文献资料及实物案例为依据，在展厅内复原历史聚落的街巷、建筑空间，真实再现运河聚落的历史场景。"人"，指引入业态经营和非遗展演，注重互动体验，使"人"成为展览的重要组成部分。"境"，指运用各种手段进行多维度、多感官的造境，呈现真实的视觉、嗅觉、味觉、触觉体验，让观众身临其境。

　　展览从时间、空间、有形、无形四个维度展现主题，选取了隋唐宋、元明清两个时间段中隋唐大运河、京杭大运河和浙东运河段的城镇景观。以时间、空间两条线复原历史街景及建筑空间，引入真实业态展现非遗项目，以广阔视角解读大运河历史、社会、经济、文化等多个方面，反映运河沿线人民的勤劳智慧与美好生活。

　　展厅分为四个部分，由一条主街串联。除陆路外，还增加水巷主线。支巷作为次要展线，与主线形成回路，让观众能体验全部景点。另外多层建筑的立体展线设计（图2-30），也增添了建筑单体的纵深感。

　　运河两岸的城镇生活，让我们带你一起感受！

　　漫步展厅，是一派"长安大道连狭斜，青牛白马七香车"的盛世图景。观众可在青衫红袖中领略"盛世东都 汴水繁华"的风采，于摩肩接踵中感受"财富京师 富甲齐郡"的奢靡，在码头喧闹中体验"漕运枢纽 往来盐商"的繁华，最后于温声软语中浸润"人文江南 渔民之乡"的文脉。

　　在花灯映照、商铺林立中，让我们穿越时光，来到"运河街肆展"的起点——"盛世东都 汴水繁华"。沿着主街前行，是隋唐时期大运河西段沿线百姓生活面貌的再现（图2-31），观众仿佛置身洛阳盛世场景，可沉浸式体验坊内集市贸易的乐趣。

　　"玉楼金阙慵归去，且插梅花醉洛阳"。隋唐时期洛阳城风流甲天下，为展现洛阳城全貌，我们在"洛阳印象"单元，以考古、壁画、文物、文献等资料中的唐代坊市内商业街道及建筑形象作为复原场景的参照意向，表现隋唐大运河中心城市的盛世气度。

沿着商业街前行，在一座复原建筑中，观众可以了却"为我引杯添酒饮，与君把箸击盘歌"的心愿，在我们打造的真实唐代宴饮场景（图2-32）中，沉浸式感受盛唐丰富的宴饮活动。

告别三月花如锦的洛阳，如梦似幻的北宋东京城就立刻呈现在观众眼前。

在"东京梦华"单元（图2-33），我们以北宋东京汴梁为主要原型，以《清明上河图》《东京梦华录》等史料为依据，复原宋代集市街景，展示里坊制解体后汴河两岸的街市片段以及自由繁荣的市集生活。

从隋唐展厅开敞的广场空间过渡到汴河旁繁华的街巷市集空间，坊墙消失，店铺"侵街"，再加上摊铺，宋代相对狭窄的街市空间与隋唐坊市的宏大宽阔形成明显对比，体现出不同的时代特色。

北宋时期，开封不但是全国政治、经济、文化中心，也是世界上最繁华的城市，四处弥漫着"烟火气"。随着宵禁制度的逐渐取消，开封城内发展出了夜市，夏有冷饮，冬有热食，南北风味的美食更是琳琅满目。里坊制度解体后，开封出现临街开店的街市景象，居民区和商业区交叉存在，形成了相互连通的大街小巷。

市民文化发达的北宋东京城，不仅有烟火气，也有"插花带香"的雅气，二者交织共存，氤氲着东京梦华。在宋代，从官员到普通百姓都有随身佩戴香囊的习惯，有穿衣使用的熏衣香、卧室内使用的居室香、生病使用的药用香，还会根据心情的变化选择不同的香料。这一时期，大量国外的香料进入中国，丰富了香料的品种。

北宋时期，酒文化十分繁盛，东京城内大大小小的酒楼鳞次栉比。大都市里有酿酒许可证的豪华大酒楼，称为正店，店家往往会在门口设置以杆件绑扎而成的彩楼欢门（图2-34），作为独特的店面装饰。

穿过彩楼欢门，右手边是彰显社会地位的乌头门，走过乌头门，第二部分"财赋京师 富甲齐郡"（图2-35）的明清北方商街景象即映入眼帘。

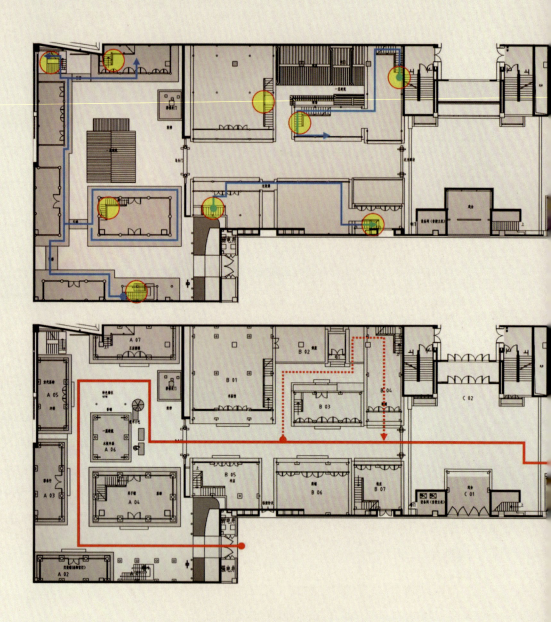

图2-30 "运河街肆展"流线设计

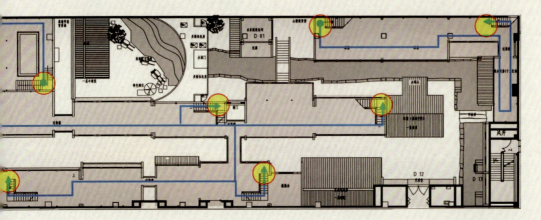

2F

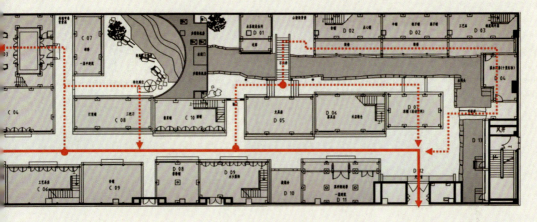

1F

图2-31   "盛世东都 汴水繁华"展厅（上）
图2-32   宴饮场景复原（下）

图2-33　"东京梦华"展厅（上）

图2-34　彩楼欢门（下）

图2-35　"财赋京师　富甲齐郡"展厅

　　该部分展示内容分为"北方街市"与"民居生活"两个单元，选取京杭运河北段即北京、天津、河北、山东等地的运河城镇为参考原型。整体采用北方建筑风格，以雕梁画栋的牌楼和喧嚣热闹的商街为主要展示对象，观众既可在明清北方商铺中购物畅游，感受市井繁华；也可在酒醉饭饱后，到静谧的胡同中信步而行，体验一下胡同风情与四合院居住文化。

　　这里既有供观众喝茶休息、观看曲艺表演的展示展演区域——庆春茶楼；也有纯展示区域——寅和钱庄，让观众了解当时运河商业的繁荣以及钱庄对促进资本流通和商业发展的积极作用；还有国家级非物质文化遗产展示区——三石斋，展现风筝制作技艺（图2-36）以及天津杨柳青、河南朱仙镇、山东东昌府、

图2-36　观众体验扎制风筝

江苏桃花坞的木版年画等形态各异又独具特色的非遗产品。

　　这一单元，主要表现胡同景致与四合院局部，以胡同、四合院、宅门等元素复刻老北京胡同风情、宅门合院文化，展现安逸的"民居生活"。

　　我们在展厅按比例复原胡同景观（图2-37）和四合院建筑空间，让观众设身处地感受"胡同文化"及四合院建造艺术。

　　从幽静的胡同巷子里拐出，行至商街尽头，可以看见一座刻有"安澜"二字的高大木制牌楼（图2-38）。北方闹市商业街前后以牌楼（坊）界定，划分街区空间，多设于道口，标识街道的起始。为真实再现北方商街，展厅即以"安澜"牌楼为北段终点，亦作为中段展厅商街的起点。

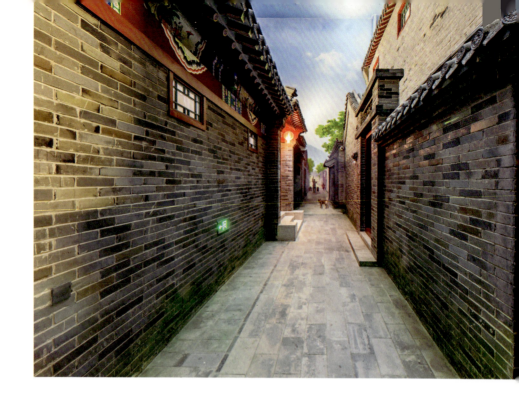

图2-37 复原的胡同（上）
图2-38 安澜牌楼（下）

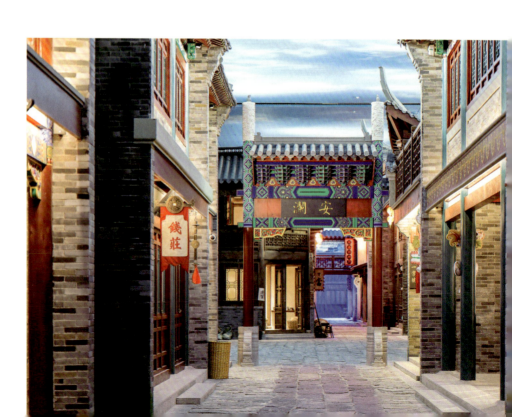

穿过牌楼，向前而行，是展厅第三部分"漕运枢纽 往来盐商"。这里既是展厅中段，也是呈现大运河中段场景的主要场所。大运河中段，连接山东与江苏长江以北地区，整体建筑风格也由北方向南方过渡，淮扬地区更是兼具南北之长。

为凸显浩浩大运河中段的人文风采，我们的展示内容既有四方争集市的"南北杂货"，也有"越闸南通北草楼"的通达码头，集中表现了与运河相关的南北风土人情，并重点突出淮扬地区作为漕运枢纽在大运河上的重要地位。

为使观众直观感受，我们设置了观戏广场与淮安码头两大节点，以纵向石板街为主要展线，深巷和码头场景为次要展线，两条展线连在一起形成回路。热闹街铺与幽深古巷合体，通过建筑的体量大小及进退关系，呈现层次丰富的街巷景观。观众踏过载着世间百态的石板街，触摸着历史厚重的高墙深巷，可以享受街巷的曲折多变，获得空间层次变化的视觉感受。

运河水路是戏曲传播的重要通道，一座座古戏台见证了中国传统戏曲的发展演变。因此我们选择戏台作为第三部分商街的重要节点，以引出明清淮扬地区商街的繁荣场景（图2-39）。

"四方争集市，三户自成村。"穿过开阔的观戏广场，在"南北杂货"部分，明清淮扬地区街巷场景，配合业态及非遗项目，以大运河沿线的扬州精工和盐商文化等呈现该地区商业、文化的繁华。

"两淮盐，天下咸"，说到淮扬运河段发达的盐业，就不得不提到灿烂的盐商文化。大运河的淮扬运河段盐业十分发达，当时的很多商人通过运输和销售食盐获得了巨大的利润，他们贾而好儒，营造的住宅，气派精致。

为让观众感受更直观，我们在展厅中搭建了一栋盐商住宅。观众穿过高墙窄巷，便能看见高门深院的宅院安静地伫立在街巷尽头，诉说着经年风霜。

推开精致考究的大门，两旁厢楼前后相接，形成回字形的串楼。正前方的厅堂，大气恢宏，彰显了主人雄厚的财力。尺度宜人的天井、雕栏玉砌的回廊、徽州风韵的马头墙等，细节处尽显盐商文化的儒雅与精致，同时展现了盐商的跨区域流动对

图2-39 复原的戏台（上）
图2-40 盐商住宅内部（下）

淮扬地区建筑文化的影响（图2-40）。

漕运乃一个王朝兴衰的命脉，黄河夺淮后，清朝规定淮安清江浦以北的运河只允许运粮漕船、贡品船与巡河官舫通过。因此，南方商旅和货物抵达清江浦，均须至石码头舍舟登陆，渡过黄河后在王家营换乘车马，由通京大道继续北上；北方车马抵淮，至清江闸下，登舟扬帆，遂有"南船北马王营渡""九省通衢石码头"的说法。处于"襟喉南北处"的清江浦，两岸店铺栉比，商旅辐辏。入夜之后，仍是船灯满河，熙攘繁盛。南船接北马，"行人日夜驰"。

为凸显淮安的枢纽作用，我们在"通达南北"单元通过复原码头场景，配合多媒体视频等多种表现手法，展示漕运文化，并强调淮安在运河沿线城镇中的重要地位（图2-41）。

"人文江南 鱼米之乡"（图2-42）部分是展厅的尾段。我们选取京杭运河南段（江南运河）及浙东运河相关城镇作为参考原型，分三部分，以水陆并行、百步骑楼、小桥流水、枕河人家等典型景观展现烟雨江南。

在观展路线上，为契合主题，除延续上一段的南北向商街主干道外，我们还新增了南北向水系，以墙门作为衔接，水陆并行，观众还可通过滨水步道观赏水、陆两条主街的景观。

具体实施时，我们将商街作为主要流线，贯穿该单元三部分，以商铺、商会、织造署表现商业贸易繁华；以祠堂、书院表现社会文化兴盛，向观众展示江南城镇的繁华风貌。水巷由南向北设置，支流流向水城门，表现运河城镇的主题，以滨水河房、骑楼等表现临水居住空间，并点缀以桥、码头等构筑物，向观众展示江南地区的生活及水乡风貌，以转运粮仓表现该地鱼米丰饶。尾声以浙东运河入海为主题。

江南地区自古重视文化教育，讲求修身养德。这里文风兴盛、人才辈出，其制作的工艺产品也融入了江南人的独特审美，形成了精巧灵秀的风格。江南运河、浙东运河沿线地区传统手工业发达，在明清时期这里是中国织绣业最集中、最繁荣的区域。因此，在内容设计上，我们以织造署、祠堂、书院表现文化兴盛，体现江南

图2-41　复原的淮安码头

地区文章锦绣之乡的美誉，以非遗产品店铺体现工艺产品的独特审美。

江南运河和浙东运河流经区域广泛分布良田与水系，便于开展耕作灌溉。这里在明清时期是全国经济最发达的地区，出产的粮米供给全国各地。"物阜民丰"部分即以苏南浙东地区典型沿街板铺作为设计原型，以商铺、米市、会馆表现商贸繁华，搭配热情如火的叫卖声，生动展现南方商业街风貌。

江南地区"物阜民丰"，体现在日常生活中的方方面面，灶头画（图2-43）就是其中最典型的体现。为表达对美好生活的向往，这里的百姓往往在灶台上绘制各种有吉祥寓意的图画或图案，五彩斑斓，惟妙惟肖。我们在"运河街肆展"中就复原了精美的灶头画，带领观众感受江南地区富足且有诗意的日常生活。

依水而生的城镇，临水而建的民居，所谓"枕河人家"便是江南地区河房建筑特色。为赋予建筑柔情，我们将民俗与传统建筑结合，为观众带来双重体验。如在河房内部展陈空间设计复原了浙东宁绍地区特有的十里红妆婚房。十里红妆中的"红"，一是指颜色，嫁妆髹金漆红故名红妆；二是指场面，嫁妆十里之长，场面"弘"大。因此古人常以"十里红妆，千亩良田"来形容嫁妆的丰厚。

沿着水巷来到展厅的结尾处——宁波的三江河口。在这里，运河两岸的城镇复原告一段落，大运河也沿着古时的明州港浩浩荡荡入海，成为海上丝绸之路的起点。

图2-42 "人文江南 鱼米之乡"展厅（左）
图2-43 灶头画（右）

因蓮而生

Born Because of
the China Grand Canal

策 展

一座从零开始的博物馆

中运博无论是筹建、在建还是开馆之时，都受到了社会各界的热切关注，这是我们的荣幸，也是肩头沉甸甸的重担。起初的中运博"一无所有"，没有馆舍、没有藏品、没有团队，一切的一切都需从零开始。从展览大纲的撰写到最后的布展实施，中运博以肉眼可见的速度在大运河国家文化公园拔地而起，600多个日日夜夜仿佛"吟安一个字，捻断数根须"的苦行，但我们仍旧觉得这是工作生涯中一段紧张又幸福的时光。

一、从无到有的历程

一座"从零开始"的博物馆该如何构建？尽管"策展"是本章的核心内容，但我们还是要从"零"说起。在建设初期我们没有文物积累、没有展览构思具体方向、没有专职工作人员，开头万般艰难，但幸运的是承蒙了各界厚爱以及南京博物院这一坚强的后盾，我们从零开始了。

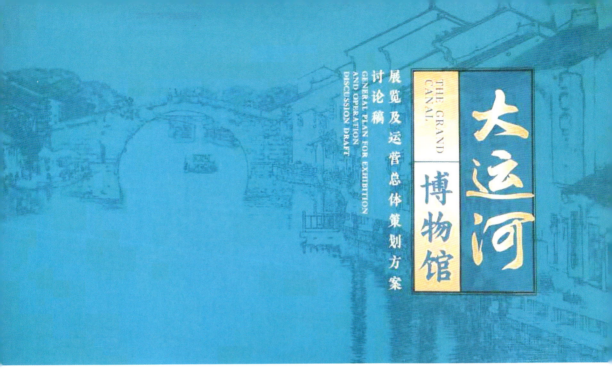

图3-1　大运河博物馆展览及运营总体策划方案讨论稿

（一）前期的筹划

2018 年 7 月，南博接到具体负责中运博展览和运营任务的通知时，为了完成在两年左右建成开馆的要求，紧锣密鼓地成立了工作团队，开展了策展前期调研和展品征集等相关工作，并在两个月的时间内完成了《大运河博物馆展览及运营总体策划方案讨论稿》（图 3-1）。

在目标定位方面，明确以大运河文化带、大运河国家文化公园江苏段建设走在全国前列为导向，以打造文化地标和多功能公益文化服务机构为指引，以深化文化体制改革为动力，建设一座以大运河变迁为时间轴、空间上涵盖大运河全流域且适当突出江苏段特质、重点展示大运河给民众带来美好生活、冠以"中国"字样的大运河博物馆。

为如期完成中运博的场馆建设以及博物馆策展和运营，我们成立了筹备办公室，

图3-2　成立展览及运营筹备办公室讨论会

下设八个工作小组，分别是展览组、展品征集组、考古发掘组、保护修复组、控制系统组、资料收集组、项目协调组、专家顾问学术组，并多次召开讨论会（图3-2），优化方案。场馆建设并不是由我们负责，但中运博的展览策划和建筑设计是同步的，这成了我们营造展览空间的最大优势。良好的外部环境支持、丰富扎实的大运河研究成果和优秀的团队，为中运博能在两年左右建成开放保驾护航。

　　我们该以什么样的笔触来描绘中运博的轮廓，又该以怎样的血液来填充她的内里？

纸上谈兵是不够的，还得去运河边走一走，去已有的水运专题博物馆看一看。带着这些思考与目的，中运博筹划组相继考察了杭州京杭大运河博物馆、良渚博物院、中国（海南）南海博物馆等，在大运河到杭州的终点标志——拱宸桥上驻足感受，在运河两岸的城镇中发掘故事……

中运博并非第一家运河博物馆，在中运博策划实施前，国内已经有六座运河主题博物馆，如何在这么多家运河博物馆中建设得出类拔萃、与众不同呢？通过调研我们发现这六座博物馆的主题或是以某一段运河为主，或是以运河遗址发掘为契机展示运河文化片段，抑或从某一角度切入讲述运河故事，并没有"面面俱到"。我们组织团队对已有或在建运河主题博物馆的整体规模、展示内容、主要特色进行全方位了解和分析，为中运博建设提供了基础素材和实践案例。综合考量了各家运河专题博物馆的定位后，中运博定位于要建成一座展示全流域、全方位、全时段的大运河专题博物馆，这为我们的策展工作提供了鲜明方向。

（二）中运博的选址

中运博建在哪里最合适？因为"从零开始"，我们没有场馆，馆址当时也没有确定，一个适合展示"全流域、全方位、全时段"定位的选址非常关键。

最后馆址花落扬州，这可能是中运博最好的归宿，因为扬州不仅是一座诗人笔下的浪漫之城，也是中国历史文化名城，更是中国大运河的原点城市。扬州在中国历史上的作用和文化发展中的地位，主要得益于大运河的开凿和经营。早在春秋时期，吴王夫差在扬州首开邗沟，沟通了长江流域和淮河流域，这是中国大运河的滥觞；隋炀帝杨广营都洛阳，常驻跸扬州，他下令疏浚了洛阳和江淮江南、华中华北的水上通道，贯通了中国东西南北的交通大动脉，在其基础上形成的隋唐大运河强盛了国家，发展了经济。扬州西可通洛阳连接陆上丝绸之路，东可向大海连接海上丝绸之路，是"一带一路"交汇点城市，其繁荣史称"扬一益二"。元代为勾连江淮、江南地区与大都，裁弯取直开通了南北向的京杭大运河，扬州借与长江、运河交汇的水利之便，以及黄海、东海边的煮盐和江淮、江南的粮食，成就了运河上的盐运和漕运，推动了国家经济发展、文化繁荣，也给运河两岸百姓带来了美好生活。扬州见证了中国大运河的起始和发展、繁盛与衰落，以及与之相伴的国家民族历史变迁。

场馆选在扬州哪里建？

2017 年 9 月 18 日，扬州市委常委会传达贯彻大运河文化带江苏段建设调研座谈会精神，提出在扬州建设中国大运河博物馆。会后，经过宣传、发改、规划、文旅等部门调研分析，提出六处初步选址方案，分别位于邵伯镇、蜀冈西峰、湾头镇、南门遗址、三湾公园、瓜洲镇。

2017 年 10 月 14 日，扬州市委、市政府召集相关职能部门以及 10 多位专家学者、老领导、老干部就中运博选址进行专题讨论，充分听取意见建议，并进行了无记名投票，推荐湾头镇和三湾公园两处选址。

湾头镇和三湾公园到底该选何处？中国工程院院士张锦秋带领团队经过调研和实地考察，几经对比分析，最终挑选了三湾，如表 3-1 所示。

表 3-1 湾头与三湾区位对比

名称	区位地理及历史文化价值	生态环境	人文环境	交通	建设条件
湾头	在京杭大运河与隋唐古运河交汇处,地理位置重要	水域壮观,视野开阔,其北部有茱萸湾公园的衬托	周边湾头古镇已被质量不高的现代建筑覆盖,玉器特色小镇尚未成形。大运河对岸的大型发电厂对环境负面影响较大,与历史文化性公共建筑极不协调	距主城区较远,尚无城市主干道至此,目前通达性不强	周边城市建设的各项公用配套设施目前尚不完备
三湾	在隋唐古运河中段,"三湾抵一坝"是古代水工智慧的重要历史遗存	运河旁南北走向的河道,南面可俯视整个"三湾"河形,气势磅礴。三湾地区已经建成的公园创造了优越的生态环境	沿隋唐古运河的视线走廊北侧1.2公里处有文峰塔,南侧4公里处有高旻寺塔。人文景观资源丰厚,还可与三湾公园的人文景观相融合	距主城区较远,已处于扬州市东部的新城区内,用地四周均有规划中的轨道交通站点,通达性强	目前已具备城市建设的各项公用配套设施
比较	二者皆可取	三湾生态景观较好	三湾优于湾头	三湾优于湾头	三湾优于湾头
结论	大运河博物馆宜选址在三湾第一湾处				

图3-3　中国工程院院士张锦秋带队赴扬州湾头镇和三湾公园进行现场勘查

　　经过现场查勘、研究分析，张锦秋院士从建筑角度提出湾头电厂的景观对博物馆的选址来说是比较严重的缺陷，无法通过建筑手法进行遮掩。通过现场考察，她建议在三湾公园选址建设中运博（图3-3）。

　　三湾的过去与现在，是怎样的面貌？

　　在古城扬州的正南，古运河左转右绕，形成了"三湾"的水文景观（图3-4）。这是中国大运河一个特殊的水工设施，三道湾的阻水作用，确保了扬州城内河道的水位。"三湾"既保障了航运的通畅，又提高了运河上游的水位，利于扬州城内市民的生活，是中国古代运河水工智慧的一个重要实证。

　　随着扬州城市的扩容，过去的城南"三湾"成为今天扬州市南部的重要发展区域，近年来相继建成了三湾湿地公园、三湾体育公园、三湾城市书房等，成为扬州城内重要的文化旅游景区和百姓休闲场所。将中运博建在三湾湿地公园实至名归，这也是第一座建在大运河国家文化公园内的博物馆，可以更好地发挥中运博在大运河文化带和国家文化公园建设中的重要作用。

选址在扬州，当然也要听听扬州市民的声音。中运博奠基前，我们还在扬州博物馆开设了展览策划公众访谈会，倾听扬州市民关于博物馆建设的想法和建议。

（三）以展览为核心的展品征集

馆址确定以后，展览如何实现从无到有的蜕变，得从展品的征集说起。如果没有展品，展览只能是无源之水、无本之木。

2018 年 8 月，当南博接受中运博的展览及运营任务时，最大的困难便是没有文物和展品的储备。征集运河出土文物还是和运河相关联的文物？征集什么类别、什么内容的运河文物？征集不到的文物在展览中如何表现？到哪里去征集与运河相关的文物和展品？这些，成了当时需要厘清的头等事情。

为保质、高效地按时开馆，"展品征集优先"成为中运博筹备时期便明确的重点工作之一，在规定时间内征集足够数量的展品以满足展览开放，同时构建反映中国大运河文化综合内涵的展品体系成为此次征集工作的主要任务。2018 年 10 月，南博召开中运博筹备动员会，在运营筹备办公室下设展品征集组。鉴于多年来特别是近十年来南博的征集工作在理念、方法与团队建设上均取得了令人瞩目的成果，展品征集工作由南博文物征集部负责，具体任务是在一年半的时间内征集满足展览需求的万余件展品。在这一年半的时间里，展品征集组从工作筹划到具体实践，最后到构建完整的中运博展览体系，虽然时间紧凑但卓有成效。

展品征集的时间紧、任务重，但我们的征集不能盲目，每一步都要脚踏实地。在前期筹划中，我们首先考虑的是文物、展品的征集范围。按照策展方案，中运博

图3-4 远眺三湾

需要全流域、全时段、全方位地展示中国大运河的历史、文化和艺术，征集目标也应以此为基础。但这实在是一个庞大且难以在短时间内完成的任务。于是策展团队和征集部门一起商讨，确定征集与大运河有关的历史文物、自然标本、图书文献资料、艺术作品、非遗代表作，并制作相关模型，开展文物复制。

其次明确征集的文物、展品应体现中国大运河的价值，应是大运河带给人民美好生活的见证物，而不仅是大运河及沿岸出土的文物。前者是运河历史、艺术、文化价值的体现，可能价值高，但不一定价格高，而后者是文物自身价值的体现，价值高的一定价格高。从征集经费来看，我们也不太可能多征集市场价格高的文物，事实上我们也曾放弃征集价值高但价格也高的运河沿岸出土文物。

我们还根据实际征集需要，制定了征集方案，组建了一支征集队伍，并且拟定了《中国大运河博物馆展品征集管理办法》《中国大运河博物馆临时库房管理办法》，在征集宗旨、原则、程序、支付、保管等方面作了相关的规定，确保征集工作顺利、协调、高效地运转。

在中运博的展品征集过程中，我们还进行了一些工作创新。在征集理念上，实现了从藏品到展品、从单一文物到多元展品、从博物琳琅到物尽其用的转变。在征集方法上，我们广泛出击、多管齐下，利用多年征集经验的"朋友圈"，面向海内外多渠道征集、制作与展览主题相关的各类文物和展品。文物征集部收购文物，接受捐赠；考古所开展考古调查、勘探发掘，获得遗迹遗物；古建所进行田野调查测绘，获取、制作展览资料及展品资料；非遗所广泛调研，获取代表性作品；图信部多方联系，获取展览所需的图书文献资源；展览部多方寻觅，制作复原展品；其他相关部门不遗余力满足展品需求。在征集机制上建立"征集—策展"联动机制，实现展览、征集无缝对接，这也是我们"零展品"起步的优势所在。如此方能满足中运博两年左右建成的要求。

中运博应该构建怎样的展品体系？

这是展品征集的方向所在。征集组在征集过程中确立了清晰的构建原则，一是综合性原则，展品辐射地域范围广、时间跨度长，反映的大运河文化应内涵丰富、外延宽广，涉及的展品从质地到形态丰富多样，展品的涵盖较为综合全面。二是特色化原则，展品体系突出"大运河特色"，所有的展品无论是反映历史、文化、经济、宗教还是反映社会生活等方面，都必须与大运河直接相关。三是前瞻性原则，展品征集不应只是满足开放需求，更要考虑展览的多样性、展品替换休眠期的需求，并考虑"为明天收藏今天"，征集当代展品。

历时一年半的征集，中运博展品从零基础到成体系，取得了丰硕成果。通过大量的征集，联合野外调查和考古发掘素材，结合资料搜集、模型制作、数据采集、藏品复制及展览设计等各项工作，展品征集组主要征集了历史文化见证物，自然见证物，非物质文化遗产的有关展品，现当代艺术品，复制品和模型，多媒体数据、音像、影像、档案资料等六类展品。

中运博展品征集工作运转高效、协同有力、成效显著，在时间紧、任务重、人手少的情况下，按时、保质地征集了大量与运河相关的展品，有效服务了策展工作，构建了中运博基础展品体系。从 2019 年 4 月征集到第一批文物计 46 件（套）开始，截至 2021 年 4 月底，征集到的文物、标本、展品等超过 1 万件（套），包括遗址剖面、古墓葬、古窑、古籍文献、书画、陶瓷器、金属器、杂项、动植物标本、碑刻砖石等，有力支撑了中运博的展览。

二、抽象到具象的回眸

中运博的轮廓在前期的综合筹划中已经逐渐清晰，那展览的内核又该如何打造？

我们在最初制定《大运河博物馆展览及运营总体策划方案讨论稿》时，便建议从大运河沟通南北、促进融合的维度，以大运河世界文化遗产属性、大运河带给人们的美好生活以及大运河上的舟楫千帆等主题来构思基本陈列，策划既要体现全面性，也应存在差异性。

作为策展人我们该如何理解呢？

一方面，这取决于中运博集中展示大运河全流域的定位和宗旨，这是展览体系架构的基本特征，重点就在一个"全"字上；另一方面，我们在对大运河文化遗产价值进行全面性阐释的基础上，要采用差异化视角立体呈现大运河的历史和文化。基本陈列的策展则要从不同角度、不同选题系统介绍大运河的历史脉络、科技发展和人文生态。

起初的展览总体设想非常明确，但我们有三个基本陈列，具体到每一个基本陈列上该如何操作，这时还是一个模糊又抽象的概念。基本陈列既要全面反映大运河这一宏大的叙事题材，又要以差异化的视角从不同的切入点进行阐释，如何通过三个基本陈列、7000平方米的展厅面积充分展现大运河这样一处线性文化遗产，并做好具象的阐释？如何充分展现全流域、全时段、全方位的大运河及其带给人们的美好生活？如何让观众在宏大的历史叙述题材中不觉枯燥并能理解，同时在多层次的叙述中有记忆点和获得感呢？

带着有关展览的最初设想和疑问，我们开始了展览大纲撰写前的策展调研，并总结凝练调研结果、爬梳文献典籍，在历经多次推敲、打磨、推翻、重构中，完成展览核心内容的设计。

　　自展览初期策划到落地实施，中运博的定位和宗旨始终是策展的方向，我们不断力求突破创新展示手段与服务理念：除了传统的文物陈列，还为观众打造了立体多样的展览形式，三个基本陈列展厅的阐释视角、体验方式以差异化的方式呈现，紧扣展览主线。

（一）展览内容的确定

　　宏观叙事的"大运河展"。

　　传统的历史叙述展览，必须全面反映大运河的历史变迁、本体价值和象征意义，这是策展的总基调。我们在调研之前根据现有的资料将展览划分为大运河历史沿革、大运河国家管理、大运河经济作用、大运河科技水平、大运河文化习俗、大运河遗产景观等六个部分，希望全面系统地展示中国大运河作为世界遗产的价值及所取得的科技成就、所蕴含的工匠智慧、所承载的民族精神。带着前期的预设，我们将"大运河展"的策展调研分为成果调研和观众调研两部分。

　　首先对大运河本体、大运河文化、大运河遗产点、大运河沿岸的节点城市、大运河已有博物馆或展示馆现状、大运河各类文物征集方向、大运河考古取得的成果等展开系统调研。

　　"大运河展"策展调研的特别之处在于我们为它专门组建了运河考古队，对大运河本体、遗产点进行考古调查。自 2018 年 12 月起，南博考古所联合省内地方文博考古单位，开始了运河沿线的考古调查勘探工作。

　　为配合开展"大运河展"筹备工作，积极落实考古发掘和展览策划任务，切实保证大运河博物馆筹备工作顺利进行并如期开放，我们于 2019 年 2 月邀请了江苏省内地方博物馆、考古所专家召开"中国大运河博物馆展览（筹备）专家咨询会"，

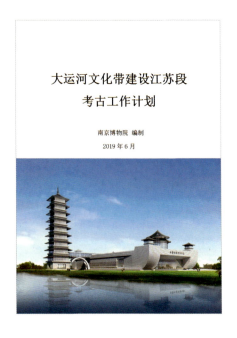

图3-5　考古工作计划

　　来自徐州、淮安、宿迁、扬州、南京、南通、镇江、常州、无锡和苏州的20余位专家畅所欲言，详细介绍了所属单位负责的运河沿线考古工作和相关文物信息。会后由南博考古研究所联合地方考古工作部门，推选优秀考古工作人员成立"江苏省大运河联合考古队"，并由南博考古研究所负责编制"大运河考古工作计划"（图3-5），统筹考古工作。

　　同年3月，我们还邀请了大运河沿线各省文物局、考古所专家，召开"中国大运河博物馆基本陈列专家咨询会"。来自北京、天津、山东、河南、安徽、浙江以及江苏的10余位专家对中运博的建设表达了高度赞同和大力支持，就博物馆陈列大纲的编写、相关文物的征集复制以及与大运河相关的考古工作等主题发表了高论，一方面从本省运河考古工作谈起，梳理了历年来所在省份重要的运河考古和保护情况，另一方面对江苏即将开展的大运河考古调查勘探和发掘以及相应的基本陈列展览等提出了宝贵的建议。时任南博院长的龚良在会议总结中表示，（中国）大运河博物馆的建设一方面要做好江苏内部的运河文化资源发掘工作，另一方面也离不开沿线各省兄弟单位的支持和帮助，既要制定好大运河江苏段的考古工作计划，也要积极开展省际合作，参与到运河沿线重要遗址点的发掘保护中去。

考古队先后实地勘察江苏省内运河遗址点 33 处，考察调研江苏省外大运河遗址 14 处。结合前期专家座谈会的讨论，我们在江苏省内筛选了淮安市码头镇顺黄坝遗址、宿迁市洋河新区宿预故城遗址、泗洪县青阳镇马胡城遗址、丹阳市练湖遗址、仪征市拦潮闸遗址、溧阳市旧县育才新村遗址等六处运河遗址点作为考古调查勘探和发掘的重要区域。

丹阳练湖的考古调查丰富了展览相关水工科技的知识体系。丹阳练湖（图 3-6）是江南历史上最重要的水利工程之一，西晋初年为解决丹阳一带的水患和农田灌溉而修，隋唐大运河开通后，练湖发挥了蓄水济运的重要作用，其后几经修缮，多建闸口，后逐渐淤塞衰落。

仪征拦潮闸（图 3-7）的考古发掘则极大地丰富了展品体系，其中拦潮闸的剖面堆积也进入展厅立体展示，非常壮观。仪征拦潮闸遗址位于仪征市真州镇，旧时的南门通江河上，现地名为老闸口。拦潮闸曾被誉为"江北第一闸"，作为仪扬运河上的重要船闸，对沟通长江和仪扬运河之间航运交通起到了十分重要的作用。新中国成立后河道渐渐湮塞，闸废。目前闸址已被填埋，东侧河道被填，西侧河道曲折向南至江边油库（下江口）。闸址地表尚存有旧时用于过往船拴绳的石柱以及北岸一段青石板路等。这些遗址遗迹，都是运河水工智慧的表现。

大运河沿线省际考古合作计划点，主要有安徽淮北柳孜遗址，河南省商丘南关外码头遗址、开封州桥遗址等。其中选择柳孜遗址，是因为柳孜伴随着隋炀帝开掘

图3-6　在丹阳练湖现场勘察

图3-7　仪征拦潮闸考古现场

大运河之通济渠段穿镇而过逐渐繁荣，成为唐宋时期淮北地区的政治、经济、军事和文化重镇，"运漕商旅，往来不绝"。南宋光宗绍熙五年（1194），黄河泛滥，洪水夺淮入海，通济渠淤塞，柳孜衰落。安徽省文物考古研究所在柳孜遗址发掘出土八艘唐船、宋代码头、大批唐宋名窑瓷器。柳孜隋唐大运河遗址的考古发掘是中国运河考古的重大成果，证明了大运河的流经路线，填补了中国运河考古的空白。

　　我们通过实地调查，梳理了大运河沿线具有重要价值的文物点，掌握了运河考古发现情况，此举既为展览文本编写奠定了扎实的实物资料基础，也为以后开展江苏省大运河考古工作积累了丰富经验。通过对近年来运河考古工作的调研，考古队选取了淮安河下龙泉瓷片堆积、仪征拦潮闸遗址、黄泗浦遗址、开封汴河州桥遗址等跟运河关系密切又出土大量文物的考古地点，以最真实、最客观的出土文物，丰富展览内容，提升展览内涵。

　　在大运河主题博物馆调研方面，我们除了解大运河主题博物馆外，还考虑到大运河线路所经过的其他城市（区）博物馆、历史上重要的商埠所在地以及运河沿线有价值的考古遗址等多个方面，根据地理位置等因素将"大运河展"的调研划分为京津冀鲁、豫皖、浙江、江苏四个区域。

　　调研获取的第一手调查资料，增强了我们对大运河的感性认识，令我们收获颇丰。尤其是为了丰富展品，我们前往安徽、山东、河南、河北、天津等地，与当地博物馆、考古所沟通对接，取得文物复制授权、文物借展及剖面揭取等重大收获。各省兄弟文博单位的热情接待与大力支持令人感动，强大的"朋友圈"让中运博的展品体系更加丰满。

　　通过调研我们也发现，大运河现有博物馆的展示方式和内容等并不能完全表现出中国大运河的博大精深。这促使我们思考：应该给观众呈现一个什么样的运河主题展览？展览主要面对哪些观众？观众的具体观展诉求是什么？

　　带着这些思考，我们开始了观众调研，这一阶段调研以展览的观众群体及

图3-8　在河南洛阳回洛仓遗址调研

其关于大运河文化的知识背景、文化诉求和心理预期为重心。对于大多数普通观众来说，"大运河"是既熟悉又陌生的名词，很多年轻人对于大运河的认知都停留在这样的层面：大运河是一条很长的河道或很长的水路，但对大运河的历史、功能以及时空概念都只有一些模糊的认识，对大运河的遗产价值更是所知甚少。令人欣慰的是，几乎所有的受访者都知道大运河是世界遗产，是中国人的骄傲。这恰恰成为展览的底色——中国的、世界的、中国的世界遗产，与展览的正式定名高度契合，这也是展览所要追求和达到的目标。

　　我们在江苏省内运河沿线的调研收获，更多是熟悉沿线文化遗产点，切身感受大运河的历史文化价值，了解运河上水利工程的运转原理，体验运河两岸民众的生活方式；在江苏省外的调研，尤其是对于大运河主题博物馆的调研，让我们学习了策展角度的切入、框架的设置、展览语言的习惯、形式设计的特点；省外考古所的调研收获，主要是收集考古发掘资料，争取相关文物的支持（图3-8）。最大的感受在于看得越多，对大运河的认识就越少；获取的知识越多，形成的文本内容越杂乱；

加法好做，减法最难；空间有限，重在凝练。

　　通过前期专家咨询讨论与考古发掘、运河沿线调研等工作，我们将"大运河展"的展览大纲分解为六个部分，由展览的总负责人按照团队人员特长划分小组，组织编写大纲。

　　"大运河展"文本大纲的编写"如琢如磨，几易其稿"，最初在展览大纲任务分解会上提出了六个方面的内容。2019 年 6 月大纲初成，此时的文本更像资料的汇集，如表 3-2 所示。2019 年 12 月，召开了展览文本专家论证会，会后我们根据专家意见对文本进行精简，将展览文本的编写任务分解为"3 + 2"模式，依次为序厅、运河沧桑（历史沿革）、水工科技、交流繁荣、尾声五部分。鉴于以"大运河带来的美好生活"为主题，运河的"负能量"并未提及。

表 3-2　2019 年大纲初稿目录

展览名称：大运河—中国的世界文化遗产		
序号	展览主题	展览内容
1	大运河历史沿革	春秋末期吴国始凿，战国时期增修，汉魏时期成为粮食运输的主要通道，隋唐时期形成沟通南北政治经济中心，以东西向为主的漕粮通道，元以后形成南北向的京杭运河
2	大运河国家管理	世界上唯一为确保粮食安全，达到维护统一目的的巨大工程体系
3	大运河经济作用	满足军资、官盐及赋税等重要物资运输，促进沿岸村镇发展和中国中东部大沟通大交流，成为陆海丝绸之路交汇的内陆航道
4	大运河科技水平	现场直播闸、坝、堤、桥、堰等水工设施利用自然河道或人工河道加之巧妙建造技术，控制水位高低、调节水量盈缺、节制水流速度
5	大运河文化习俗	如运河人家、运河街市、运河传说以及上演或见证的历史人文事迹
6	大运河遗产景观	大运河沿线地方政府规划建设众多魅力无限的休闲景观带，如无锡运河风光带、宿迁骆马湖生态旅游风景区等，为城市增添勃勃生机

　　"大运河展"的体量非常庞大，甚至每个部分都可以成为一个独立的展览内容。展览内容的取舍有一个非常挣扎的过程。加之展厅空间有限，原本规划的4000平方米最后被压缩至3000平方米，这也导致我们在策展过程中不得不进行多次调整和删减，精简后的内容紧扣大运河的历史、科技、社会作用、经济文化、保护传承这几个主题。在内容的呈现上，选取典型的运河历史节点、水工技术、手工业产品、文化影响等，组合展示最契合内容的展品。

　　最初的展览文本多达500多页，囊括能收集到的所有信息，以确保无一遗漏，之后进行了大幅度的删减，终稿只有初稿的约三分之一，比如最开始经济、文化、国家管理、对外交流都是独立的内容，最后进行整合和压缩时，将国家管理和对外交流归至第三部分，经济与文化归至第四部分。

　　以第一部分"运河沧桑 王朝基业"为例，作为基本陈列里集中体现大运河历史变迁的部分，要宏观把握大运河整体的历史变迁，需要全流域、全时空和全方位的考虑，因此我们先形成最基本的框架，让观众了解大运河如何从最开始的地方性运河，过渡形成"人"字形的南北向运河，再到最后成为南北向直通的大运河，由此形成历史上几个重要的时期和节点；再从地理单元上，选取有重要意义的地方性运河或支流，结合当时历史背景以及运河与国家政权更迭之间的关系进行体现。

　　到过中运博的观众可能会留意到，第一部分的开端不同于以往将春秋战国作为运河开端历史的切入点，而是追溯到更早的新石器时代。这一点其实是我们考古所的同志们作为策展人，从考古学角度出发，发挥考古"望远镜"的功能进行的表达。在春秋战国吴王开邗沟（虽然有不同观点，但一般认为吴王开邗沟是大运河的开端）之前增加一个单元，是因为从考古人的角度出发，我们认为大运河不是一蹴而就形成的，应该往前延伸。先民对水的认识和利用，这是一个萌芽阶段，再到早期简单的灌溉和运输，进而到后来形成有意识的大规模运河开发，这是一个系统延续的过程，如果一开始就讲吴王开邗沟，显得有些突兀。

　　由于"大运河展"的展陈大纲是在考古思维下形成的，语言表达和展览文本存在差异，文本语言风格的转换也非常重要。文稿经过多次修改，才于2020年3月通过文本专家评审会。最终将展览划分为五个不同角度，阐释运河的历史。

在这一次的专家评审会后，我们根据专家建议对文本结构进行了调整，分开凿历史、水利智慧、国家管理、泽被天下四个部分进行阐释，将原本序厅部分"世界遗产 千秋伟业"的内容，放置在尾厅部分，结合新时代愿景进行展望。

除文本结构变动外，5G大运河沉浸体验馆的中途加入，进一步压缩了展示空间，我们在大型展品的选取上也做了不少更改，如征集到的大量水车、工具、水力发电设备等出于体积原因，遗憾未能展示。

整个文本编写过程中，"大运河展"的策展团队克服考古项目分散的客观困难，集聚茅山江南工作站，摒除纷扰、俯首案牍，昼夜不舍、遍查文献，常逾子时，文稿终成。"大运河展"从最初抽象的策展思路到最终具象的文本内容，这个过程陆陆续续持续了近两年。

在世界文化遗产视野下的大运河，我们怎样全方位描绘出她的样子呢？

运河是一部生长的历史，是活着的具有生命力的历史。如何客观真实地反映大运河历史，是我们首先要思考的问题。与大运河相关的学术研究成果极其丰富，我们通过爬梳文献，发现大运河历史变迁复杂多样，每一段运河的开凿、疏浚、淤塞、废弃与复航，每一座城镇的兴旺与衰落，每一个王朝的繁荣与更迭，乃至整个中国封建社会向近代中国迈进的整体历史变革，都与运河有着紧密的逻辑关联。所以，中国大运河的历史，是展览不得不说的内容。有限的展览空间无法完全展示大运河极其丰富的历史，因此我们采用宏观叙事方式，在展览第一部分梳理大运河的历史变迁历程。

大运河缘何而起？这应该是观众在专业的运河史中最感兴趣的问题之一。为此，我们在展览第一部分设置了"史前水利 文明发轫"这一内容，让观众了解运河最早的开端。新石器时代，先民趋利避害，利用自然水系开挖人工河道，修建水利工程，进行农业灌溉、安全防御、水上运输，在黄淮大地和太湖之滨

图3-9　汴河州桥遗址剖面

创造了发达的史前农耕文明。农耕文明特别是长江下游的稻作文化突出反映了中国史前文明对水资源的管理控制能力和利用水平，运河继承了早期中华文明的成就，既是早期中华文明的成果，也是中华五千年文明的延续。展览第一部分还通过"运河肇始　诸侯争霸"等内容，展现了大运河的宏观发展史，以历史节点作为运河历史的"冷知识"，使观众了解和掌握运河起承转合的生命史。

从沟、渠、渎到运河，从运河到大运河，中国大运河有着自身坎坷而又丰富的生命历程。如果说隋炀帝顺应历史潮流发展和中国经济中心的南移而开通大运河，并促成了大运河的"蝶变"，那么早期运河的状态也应值得关注。由此，我们重点阐释了秦汉魏晋南北朝时期大运河的历史。

隋唐宋元时期运河全线贯通，为反映这一阶段运河历史的变迁，我们选取了开封汴河州桥遗址剖面（图3-9），通过唐宋元明清各朝代的地层堆积，观众能直观地感受运河历经的悠悠岁月。

展览通过第二至五部分内容诠释大运河的本体价值，帮助观众理解运河是什么，运河运什么，运河怎么运，以此解读运河何以成为运河、何以成为世界文化遗产。

运河是什么？

第二部分主要反映了大运河的工程价值和科技成就。大运河是人类历史上超大规模水利工程的杰作，以世所罕见的时间与空间尺度，证明了人类的智慧、决心与勇气。我们通过形形色色的运河水利工程向观众传达运河本体的形象，展厅展示的每一项水利工程，都选择各具特色又最具代表性的。水源工程部分重点呈现了郭守敬所修引水工程白浮泉和山东济宁汶上京杭大运河南旺分水枢纽工程（图3-10）。为什么在此部分选择它们来展示？白浮泉是郭守敬修的通惠河引水工程。在修建这个工程时，他提出了"海拔"的概念，这也是重要的引水济运工程；选择南旺分水枢纽工程进行展示，是因为它令漕船实现了翻山越岭的壮举，这也是中国大运河的伟大创作。

图3-10　南旺分水枢纽机电沙盘效果

图3-11　长安闸展示

　　在水道工程部分，我们选择了仪征拦潮闸进行展示。仪征拦潮闸经过考古发掘，再现了运河时代的繁忙景象，同时因为获得江苏省考古所的支持，我们得以展示仪征拦潮闸河道的堆积剖面，这种形式更加契合主题。我们还选择了长安闸（图3-11）进行展示，"闸澳"这一水工名词对于很多观众来说都很陌生，为了让观众能够看懂弄通运河闸澳是如何运行的，我们不仅设置了长安闸的示意图和模型，还通过视频解读的方式条分缕析地帮助观众了解这一水工技术。

　　大运河所在区域的自然地理状况非常复杂，开凿和工程建设中产生了众多因地制宜、因势利导的具有代表性的工程实践，并联结为一个技术整体，以其多样性、复杂性和系统性体现了具有中国文明特点的工程技术体系，是农业文明时期大型工程的最高成就。历史上淮安清口枢纽是黄河、淮河和大运河的交汇之处，也是大运河上最具科技含量的枢纽工程之一。为此我们另辟新章，通过一个完整的单元来阐释清口水利枢纽的运河咽喉地位和浩繁的工程技术。

运河怎么运？

第三部分主要反映了大运河的国家管理和社会作用。中国大运河是世界上唯一一个为确保漕运安全、政权稳定和统一的由国家开凿和管理的巨大工程体系。为确保运河正常运转，历代都对其精心组织、维护和管理。大运河的国家管理始于春秋、兴于隋唐、盛于明清，内容纷繁复杂，涉及职官机构、漕运仓储、钞关邮驿与闸坝船政等诸多方面。我们通过淮安漕运总督部院的沙盘展示，再现运河管理的井然秩序；通过明代鲁荒王墓木俑仪仗类明器，彰显运河管理的皇家威仪；通过巨大的回洛仓仓窖模型，突出转漕天下的运河地位；通过黄泗浦的两眼水井，揭示运河运通四海的繁忙景象。

运河运什么？

第四部分主要反映了大运河的经济作用，她的经济作用主要表现为运河上的货运贸易。为了体现运河带来的贸易繁荣景象，我们在这里选取了运河南来北往各家窑口的瓷器、精美的铜镜、江南的丝绸衣袍等，具象呈现运河大致运输了哪些商品。在这里还展示了宜兴宋窑，目的是阐释运河对手工业选址的影响。复原展示的唐代镇江船型墓，清代的画舫、镇水兽、色彩鲜艳的食具，则会让观众看到运河对世俗生活的影响。

当下的运河意味着什么？

第五部分"通古达今 千秋伟业——大运河的保护传承"的内容设计，主要阐释了中国大运河的申遗之路，其中彰显着我们对文化遗产保护和传承的决心。整个"大运河展"的内容传达丰富、展品展示多元、展线设计较为曲折，为了让观众在展览的尾厅能完整回顾运河历史，我们设计了5G大运河的视频内容，视频中综合再现了隋唐大运河、京杭大运河以及浙东运河的秀丽风光，以一场视觉盛宴来结束展览的内容传达。

在"大运河展"进行前期文本策划之时，我们就体会到运河历史内容浩如烟海，考古学科话术表达晦涩难懂，对于普通观众来说，在展览中理解如此专业的运河知识有一定的难度。

　　这促使我们思考：如何让大运河这一专业题材的宏观历史叙事型展览与观众没有距离感呢？

　　由于该展览传达的大部分内容都来自考古发掘成果、典籍文献和研究著述，如果我们没有做好文献转化和内容阐释，观众可能就会觉得枯燥无味甚至看不懂。在策划该展览时，我们的目标观众是广泛的，所以我们的展示融"阳春白雪"与"下里巴人"于一体，无论是普通观众、学生还是专家学者，都能在这一展厅找到共鸣。这就决定了我们在内容阐释时，一方面要强调专业性、学术性，把历史上真实的、严谨的大运河知识呈现给观众；另一方面则力求深入浅出、通俗易懂，在专业与科普、严谨与趣味之间寻找平衡点。

　　首先，是基于考古思维的专业性基础。"大运河展"的策展工作由考古所承担，展览工作从未脱离本职工作的强大影响。从2018年12月开始接触大运河策展工作，截至2021年6月完成布展，其间从大运河沿线的实地调查，到重要遗址点的考古勘探，再到大运河考古计划的编写，再转入大运河展览文本的正式编写，最后完成文本内容和展陈形式，整个过程都是在考古本职工作开展的同时完成的，可以说考古印记深刻而明显。

　　其次，专业性作为历史类展览的底线，真实而权威的追求显而易见。这得益于秉持"双重证据法""一分材料说一分话"开展学术研究的考古专业精神，文献资料的梳理与考古发现的整合成为体现专业性的特色与优势。以第一部分历史沿革为例，除却文献资料的节点精选抽离，又发挥考古工作"望远镜"的独特作用，从史载运河邗沟凿空，追溯先民治水孕育，形成了运河从无到有而非一蹴而就、考古材料见证完整发展的运河历史观。

　　由此，基于考古角度的专业性，学术表述与展览语言的转换仍存在一定的困难与不适。同样的问题也反映在观众观展解读方面：大运河展览作为专题性展览，始终围绕世界文化遗产的基础属性，旨在让观众读懂大运河的历史演变，了解水利工

图3-12　文物说明牌

程的科技含量，体会运河两岸的美好生活。2500年历史沿革，展览以肇始、贯通、取直为三个重大节点，文字上力争言简意赅，图文结合明晰运河变迁，文物琳琅通晓时代标识；水利工程文字介绍总归苍白、难懂，我们基于考古发掘提供专业性解读，同时布设电子沙盘、模型、视频演示，动静结合，演绎运河水工的科技含量。

　　我们可以从上述内容中知晓专业性是历史叙事型展览的第一展示根基，科普性的发挥要以专业为框架和导向，展览语言的通俗性一定程度上代表了科普水平。但专题性展览在通俗性上需保证专业性的底线，为此我们更多地采用图片、影像、多媒体艺术品等对文字内容进行科普。

　　"大运河展"是基本陈列中文物体量最大的，展出文物约5800件（套）。关于文物说明牌（图3-12），我们没有运用考古出土的专业描述，而是采用了更加直观、更易被观众接受的传达方式。这些承载运河沿线省市亮点特色的各类考古出土文物，成为展览的展示核心，通过"用材料说话"和"透物见事"的考古学研究思维，以历史叙事的方式，立足于世界文化遗产的宏观视野，结合恰当的设计表达，让观众可以轻松接受展览传递的运河知识。

此外，我们还想说考古工作中公众考古是重要的一环，是专业工作中需要及时做到成果转化、服务于社会大众的重要方面。公众考古的对象不局限于社会团体、学校师生，更多的是当地民众，大众文化素养参差不齐，面对不同群体，在拥有同样材料的情况下，语言表达是与观众取得良好沟通的必要条件。室内展览不同于考古在田野中的自如切换，文字展板无法随意变更，而展览语言对观众的文化素养有一定要求，但图片、语音、影像、艺术品、模型等，因其直观性与趣味性，更能获得多数人的认同感。这些也在展厅中以辅助展品的形式铺陈开来，让更多的观众明白大运河的前世今生，了解大运河上有哪些富含科技水平的水利工程，通晓大运河在国家政治经济和文化方面给老百姓带来的美好，最后领会到大运河能够成为世界文化遗产的原因。

繁绘生活的"舟楫展"。

策展之初的主题内容要求是融静态展、互动展、数字展于一体，并与相关科研单位合作，将船只演进形态、技艺水平、不同类别通过数百个小型船模静态展示，同时设计 1 ：1 仿制古船，供观众走进船只内部近距离感受，以此来呈现航行于大运河上的船只帆樯如林，漕船、商船、民船、军船往返于南北，是交流融通的承载者。

以运河舟楫为主题的数字沉浸式展览该如何呈现？

首先，我们对博物馆数字展现状进行调研。长期以来，在博物馆展陈中，数字多媒体一直是辅助手段。2013 年南博开国内博物馆之先河，创造性地推出数字馆。展览以人的情感为主线，采用线上线下互动结合的方式，带给观众崭新的观展体验，博物馆数字展览也由此开始以一种独立的展示形态进入国内观众的视野。此后，虽然博物馆数字化建设取得了长足的进步，但数字展览的发展却相对缓慢，虽有故宫博物院端门数字馆，但数字展本身在博物馆业内并没有形成声势，都只是以一种尝试性的态势在进行。博物馆真正注意到数字展的作用，某种程度上还是商业展览的倒逼所致。2016 年"印象莫奈：时光映迹艺术展"，让国内观众初步领略了数字展览的别样风采。2017 年 5 月，日本的数字展示团队 teamLab 首次在中国策划的大型展览"花舞森林与未来游乐园"，以其充满光影、乐趣的数字艺术空间，以及前所未有的沉浸感，带给观众极大的视觉冲击力和舒适感，成为一种现象级的文化景观。随着 teamLab 展览不断地被引进和与此所伴随的商业成功，社会上终于掀起了数字沉浸式展览的热潮，并逐渐普及到博物馆的展示。

近年来，国内博物馆的数字展示也迅速向沉浸式方向倾斜，业界在探索博物馆数字沉浸式展览中既有成功的经验，也有走弯路的教训。

数字展走过的弯路，主要是将数字展览做成形式大于内容的秀场。这为我们构建数字化的"舟楫展"敲响了警钟。如何处理展示内容与技术应用的合理平衡，特别是博物馆的数字展如何避免因缺乏博物馆内在知识内容的表达而倒向数字技术秀，使展览整体偏离博物馆学的目标，是"舟楫展"迫切需要解决的核心问题。

在建设中运博时，南博二期改扩建工程和各兄弟博物馆建设中的经验与教训发挥了积极作用，让策展团队得以酝酿并制定出"科技运用恰当就是最好"的决策标准，在实施中遵循"最新的未必稳定，尖端的未必可持续，先进的未必适用，好用的未必昂贵"原则，在一次次选择中，更加强调务实、易用、成熟，更加注重博物馆展览内容表达和知识传递，灵活梳理、遴选新科技融入博物馆展览。

"舟楫展"的主要展品是运河上百舸千帆的船只，船的变迁成为我们调研的重点内容。为此，我们对历代舟楫做了详尽的考察，可惜的是古船实物遗存寥寥无几，大部分的舟楫信息只能来自古画、文献，这也成了构建"舟楫展"

知识体系的重要依据(图3-13)。为了搜寻更多古船资料，我们对上海中国航海博物馆、宁波中国港口博物馆、杭州京杭大运河博物馆，北京通州的"安福舻"仿古船及南京郑和宝船遗址公园等进行了实地考察。考察主要解决两个问题：一是实体复原船只的选择和复原方案，因此我们考察了复原的安福舻与郑和下西洋所用宝船；二是如何对船模进行展陈以及船模的制作工艺，从而选择去了几所有古代船模展示的博物馆。我们还去拜访了武汉理工大学的船史专家顿贺教授，最终确定实体复原的主船使用沙飞船。

为了丰富"舟楫展"的内容，我们还策划了一出6分钟的环幕影片，影片主要呈现的是从南到北的江南、江淮和京津段运河两岸的市井生活。在做3D建模、构建运河之前，我们做了详细的调研考证（图3-14）。无论是沿岸名胜、店招、对应时代和地域的舟楫还是运河两岸发生的故事，所有场景皆来自史料记载，毫无虚构。这一部分的调研方向，帮助我们很好地避免了数字展走过的弯路，让扎实的知识体系成为"舟楫展"的内核，用技术更好地传达展览主题。

"舟楫展"在前期的筹划中，面临的最大问题是展品全部需要按照叙事内容定制，这意味着如果研究不先行、不深入、不考证，就不能制作出符合展览要求的展品，这比传统展览的内容设计难度更大、时间要求更高。在内容策划时，必须同步考虑古船船模复原的可能性。

在前期资料搜集、实地调研的基础上，2020年3月我们将文本大纲划分为两个部分，即1∶1实体复原大船为第一部分，小型船模展示为第二部分，并为此绘制船模手稿及校对稿（图3-15）。"舟楫展"文本大纲的具体内容变化并不大，最显著的变化是展览结构顺序的调整。我们原本对展览内容的设计就是一艘大船加若干小船，但展示空间还在思考。因此我们考虑把高达17米的空间给大船，净高11米的空间给小船，空间层高的划分决定了大纲结构的调整。最终展览以功能空间区分，一静一动，一个是实体的船，另一个是实体加互动的船，即以小船为切入点，大船作为延伸互动的展示，更加注重观众体验。

明代宋应星《天工开物》制作

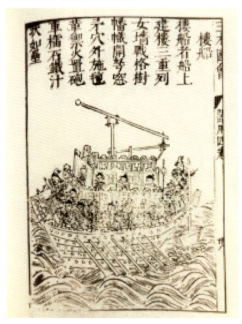

明代《出警入跸图》

船模复原依据　北宋曾公亮《武经总要》　　清代徐扬《乾隆南巡图》第五卷

图3-13　船模复原依据

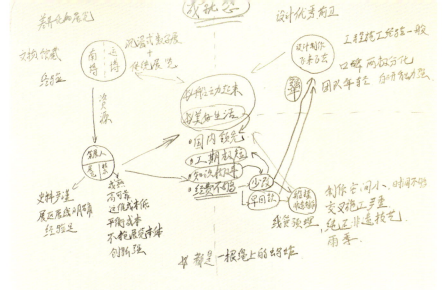

图3-14 "策展人"
的思路（上）
图3-15 船模设计手
稿（下）

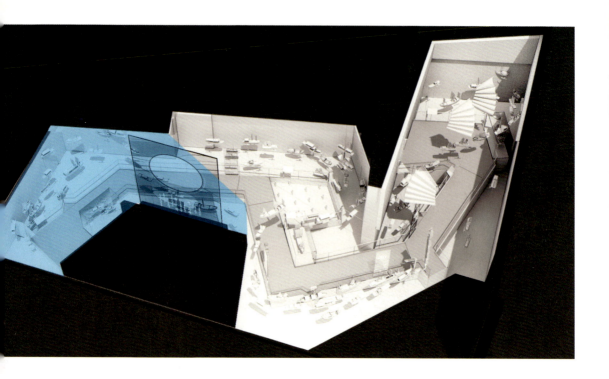

图3-16　蓝色区域为"乘风破浪"部分

　　在"舟楫展"中，我们设置了"乘风破浪""百舸争流""两岸繁绘"三个单元。为什么要讲述这三方面的内容呢？

　　首先，我们认为舟楫的起源以及如何发展、演进，是观众较为感兴趣的部分，所以在"乘风破浪"部分（图3-16）讲述了运河舟楫的演变过程，也就是运河上舟楫变迁的历史。我们跟随运河的起源、出现与发展，从远古时期到近现代千年的时间跨度中，挑选了远古时期的竹筏、新石器时期跨湖桥遗址的独木舟木桨、春秋时的战船、隋朝的龙舟，一直到明清时期的沙船等具有代表性的船只（图3-17）进行展示。

图3-17　代表性船只

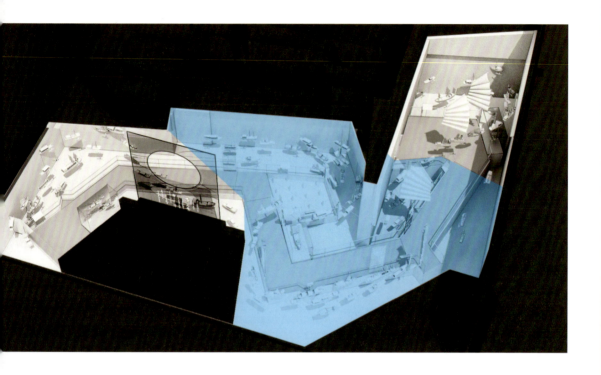

图3-18　蓝色区域为"百舸争流"部分

　　其次，通过"百舸争流"（图3-18）讲述了运河舟楫的类型。古代运河上的舟楫种类繁多、形式丰富，为了易于观众辨别不同类别的舟楫，并从中了解运河是如何满足不同人群需求、促进沿岸地区经济文化发展，我们设置了这一部分展览内容。运河舟楫的类型在学术界并没有严格的界定，我们结合古今文献与专家意见，将舟楫按照其核心功能分为官船、客船、漕船与渔船四个大类（图3-19）。

图3-19 代表性船只

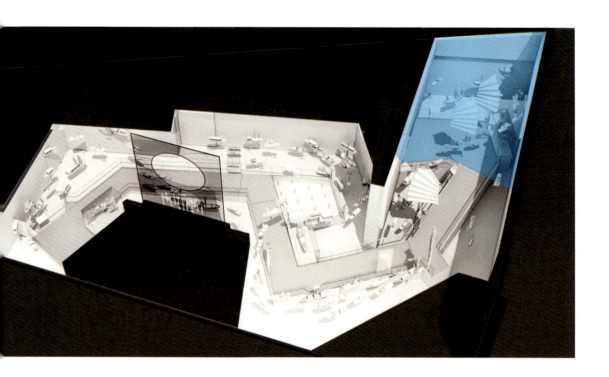

图3-20　蓝色区域为"两岸繁绘"部分

　　最后，我们思考"美好生活"的主题在舟楫中该如何表现，于是便有了"两岸繁绘"（图3-20）这一部分内容，以此来讲述运河带来的美好生活。通过舟楫历史与功能的展开，最终回归运河主题，向观众展现在舟楫往来的基础上蓬勃发展的古代城市以及运河沿线的市井百态。

　　博物馆展览大多以展陈大纲为基础，借助展品的呈现，同时辅以多种陈列手段，通过展品聚合叙事，表现文化现象，突出展览主题。"舟楫展"是通过各种类型的舟楫（图3-21）来传达展览知识体系。不过通过前期调研我们发现，

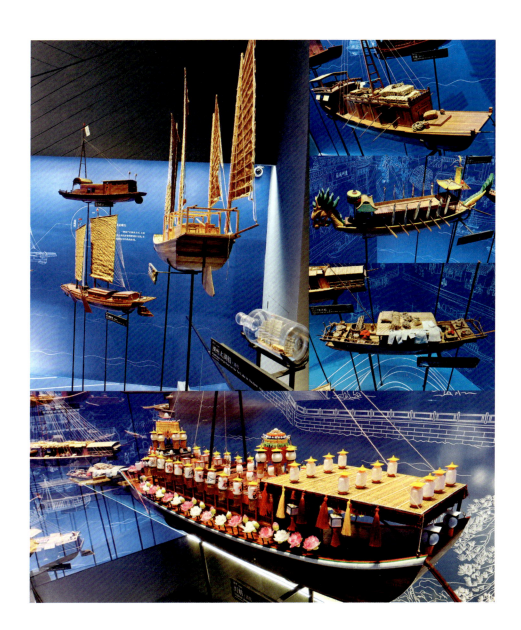

图3-21 代表性船只

实体存在的运河古船少之又少，为此我们根据策划初期的思路和调研结果复原了一艘等比例大小的船，辅以数字展陈手段活态展示大运河。

复原的船只该如何选择？在实体复原船只这一部分，我们并没有选择当时的帝王船，而是选择了沙飞船，因为沙飞船是承载老百姓日常生活功能的船。明清时期沙飞船是扬州至杭州一带的舫船，品质、规格较高，大户人家娶亲或看戏都会选择沙飞船，是水上婚俗的典型承载船，也是康熙南巡时的伴驾之船。同时，它的航域相对较广，使用得也比较多，所以更能代表运河上百姓的美好生活体验，也更能阐释展览的主题。与其他展览相比，这样的展览设计方案显得新颖又特别。为给主要展品船模的制作找到可靠依据，我们从古代绘画（图3-22）、

图3-22　清代　王翚《康熙南巡图》第九卷中的沙飞船

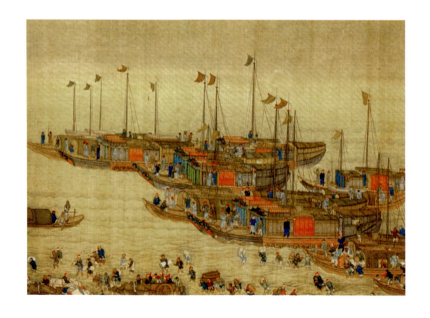

图3-23　展厅复原的沙飞船

文献资料、古籍方志和文物藏品中收集整理大运河变迁过程中舟楫的演变信息，并积极利用数字古籍库的快速检索筛选功能，在时间紧迫、任务繁重的情况下，快速地收集了大量有针对性的宝贵史料，并通过分类、归纳、解读、精练、关联等，构建起展览的知识体系，支撑展览全方位地科学复原运河上的舟楫，对进一步完整编写展览大纲和叙事主线起到了积极的帮促作用。在复原沙飞船的过程中，我们依据史料，从内饰到外形都保证了沙飞船最高的还原度，将观众带到古代运河的生活场景中（图3-23）。

　　除了展示船模，"舟楫展"还在实体沙飞船复原部分设置了360度、高11米的环幕影片来复原沿线的城市风貌。如何通过影片重构古代运河南北沿线城市风貌、百姓生活、经济政治往来等内容呢？在环幕影片中我们挑选了杭州—苏州、扬州—淮安、天津—北京三段跨越南北的运河空间城市沿线场景。我们在影片中展示的南北迥异的场景、古色古香的店招、丰富多样的舟楫、城市的特色故事、千姿百态的人物等，都有翔实的古画、史料等文献作支撑。

在文本大纲初成时，环幕视频的内容并非如此。视频的内容是从京城拉开帷幕，以康熙随行的画师为影片主角，一路南下，途中结识驻于淮安府的漕运总督，讲述漕运总督日常管理漕运的相关事务；经由扬州邂逅江南曼妙女子，见证一场婚俗；步履不停，途经苏州与文人骚客把酒言欢，听昆曲，感受江南水乡的婉约繁华；最终抵达杭州码头，与船工一起感受市井生活的富足美满。故事内容贯穿运河南北。

但考虑到个人的视角并不能完全展现运河两岸的故事，同时囿于时长，最后我们采取了全景视角，将影片划分为三小段，每段两分钟，避免观众驻足时间过长。

在重构江南、江淮、京津段运河市镇时，我们选择古籍史料中记载的城市特征与代表建筑，将多个有历史意义的名胜建筑穿插在场景中，丰富影片内涵，也更接近历史上杭州、苏州、扬州、淮安（图3-24）、天津、北京等运河城市空间布局。我们还从古画与文献资料中搜集提取江南、淮扬、京津民居建筑的知识点，将运河的历史文化与艺术融入现代场景，呈现古代运河城市风貌（图3-25）。

展览的内容输出上，不仅有常规的展板文字、展品说明牌以及展墙知识窗，我们还在展厅串接区放置了6台多媒体互动触摸屏，屏幕内容与船模展示互为补充，内含78艘展品船模所蕴含的相关知识及其关系，以时代为主线，或以动力、性质、航域、文献依据为原则对船模知识进行分类，让观众获得更多的舟楫知识。

即便是纯数字展项，展示的核心也应是内容本身，且是经过解读、含有博物馆知识体系的内容。如果忽略了博物馆中"物"的特点，放弃对藏品内涵的发掘，仅强调数字技术的优势，所有的数字展项都会成为无本之木、无源之水。所以，博物馆数字化展示项目必须遵循客观解读的原则，避免无根据的臆想和推测。

　　"舟楫展"作为数字展，时刻遵循以内容为本、以形式为辅的原则。只有处理好展览内容与展陈形式之间的关系，才能创造出真正的"沉浸式"展览氛围，让观众正确地观"虚"感"实"，自然而然地从中获取展览传达的历史信息和文化内涵，最终达到精神层面的共鸣与升华。如果偏离了本心，展览就会成为形式大于内容的数字秀、一看就过的"嘉年华"。

　　正因此，"舟楫展"选择了"双策展人"模式。两名策展人分别来自展览部和信息部，分别负责传统展览策划与沉浸式体验设计以及技术实施，并以双策展人为核心，调度协调各方资源构建支撑团队，对内涉及馆内图书资料、典藏考古、文物保护、非遗研究等专业部门，对外覆盖设计制作公司、各类专家学者、具有相关馆藏的博物馆图书馆、古籍方志文献资料中心、造船非遗传承人等。内、外资源在保密和授权的基础上合理共享共建，充分发挥"策展人＋团队"的合力优势，确保展览策划与数字展项设计合理融合，互相补充、促进，构建出不可分割的"舟楫展"整体。

　　景观再现的"运河街肆展"。

　　我们在策展之初便确定延续"南博民国馆"的展览模式，为什么要延续这一模式呢？ 2009 年南博二期改扩建工程确定了"一院六馆"的格局，其中民国馆首次尝试了新的展览模式，即"城市历史景观再现"。2013 年开馆后获得了观众的一致好评，据 2015 年《南京博物院观众满意状况调查》报告，民国馆以 33% 的观众喜爱度脱颖而出。2018 年，为响应大运河国家文化公园建设，江苏省筹建中运博，南博作为策展方在"运河街肆展"中延续了同一策展理念，我们对这种展览模式作了进一步探索。

　　起初总体策划方案中，我们想在"运河街肆展"选取大运河北段、中段、南段以及西段沿线城镇，建设实体街区进行差异化展示，将大运河宏大气质与百姓的美好生活联系在一起。各段挑选最能体现运河文化的历史景观要素进行展示，并各有侧重，引入业态、非遗，让观众真实体验运河沿岸的美好生活。

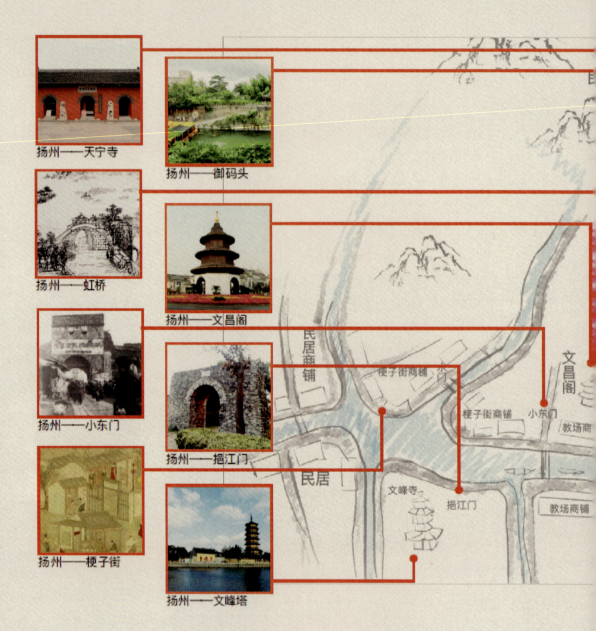

扬州——天宁寺

扬州——御码头

扬州——虹桥

扬州——文昌阁

扬州——小东门

扬州——挹江门

扬州——梗子街

扬州——文峰塔

民居商铺

梗子街商铺

梗子街商铺

小东门

文昌阁

民居

文峰寺

挹江门

教场商铺

教场商铺

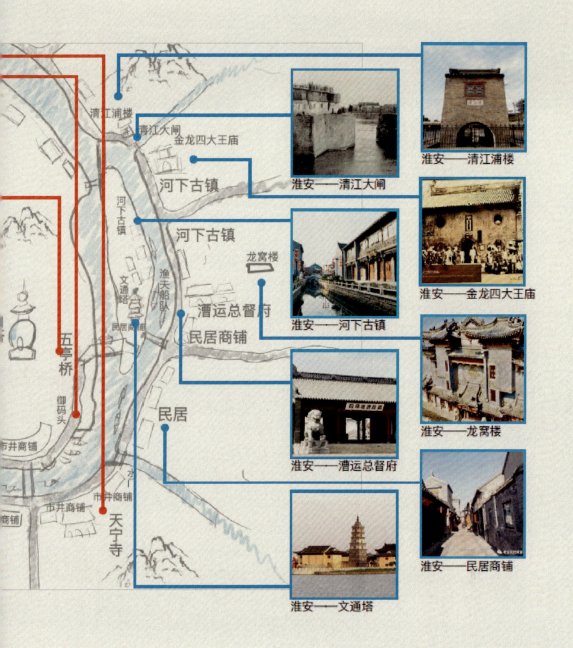

清江浦楼

清江大闸

金龙四大王庙

河下古镇

河下古镇

河下古镇

龙窝楼

渔夫船队

文通塔

漕运总督府

民居商铺

民居商铺

民居

五亭桥

御码头

市井商铺

水门

市井商铺

市井商铺

天宁寺

商铺

淮安——清江浦楼

淮安——清江大闸

淮安——金龙四大王庙

淮安——河下古镇

淮安——龙窝楼

淮安——漕运总督府

淮安——民居商铺

淮安——文通塔

图3-24 依据文献、古画、现存古建研究，浓缩的古代扬州与淮安

图3-25　环幕视频呈现效果

　　与南博民国馆相比，"运河街肆展"更为复杂。中国大运河属于线性巨型工程，开凿和使用历史悠久，作为研究对象，无论是时间跨度还是空间范围，大运河沿线城镇都远超民国时期的南京。大运河沿线分布了大量类型丰富、各具特色的城镇与村落，遗产构成庞杂。在策展初期，我们就明确了展示内容在空间范围上要覆盖中国大运河全线，时间跨度包括隋唐宋、元明清两个历史时期。我们对大运河沿线8个省市40余处历史街区和古镇进行调研，调研从2018年12月7日开始，至2019年3月17日结束。调研的运河段包括浙东运河、江南运河、中河、会通河、淮扬运河、南运河、北运河、通惠河、通济渠、卫河（永济渠）等。

　　调研的对象包括运河沿线的古城（含遗址）、古镇以及历史街区的各类建筑遗产，大致可分为运河水工设施（桥、纤道、码头、闸坝等）、运河管理建筑（漕运及河道衙署、仓库、邮驿、钞关等）、运河祭祀建筑（天后宫、庙祠等）、运河城镇建筑（民居、园林、工商业、宗教、书院、祠堂等）四大类。完成调研后，我们认识到大运河遗产属于巨型遗产，涵盖了我国所有的遗产类型，在有限的展厅中选择哪些遗产要素展现相关主题，极具挑战性。为了全面展现运河沿岸历史城镇景观，我们从时间、空间两个维度考虑，将展厅分为隋唐宋、元明清两大时间段，将运河流经的线路分为四个部分，遴选出合适的遗产元素在展览中呈现。

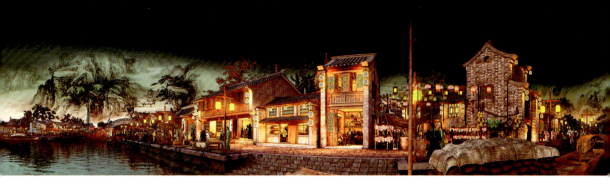

　　我们除了调研大运河沿线的民居、官署、园林、商铺等，还调研了相关博物馆、展览馆共 17 个，了解诸多运河边的饮食、戏曲、手工艺等非遗项目。我们还特别关注了一些细节，比如商铺前的招幌、广告，各种牌匾，街巷地名，古建筑上的楹联等，这些都为后来"运河街肆展"的呈现打下了很好的资料基础。

　　"运河街肆展"历经 55 天的调研，涉及内容广泛、调研类型丰富、收获成果颇丰，我们对调研结果也进行了总结，如表 3-3 所示。

表 3-3 "运河街肆展"调研内容与总结

运河段	调研类型					特色总结	
	博物馆	文化景观	历史街区	重要公建	水利	建筑特色	业态（非遗）
浙东运河	中国京杭大运河博物馆	绍兴运河园	拱宸桥西历史街区	富义仓	拱宸桥	河房、沿河百步廊、窄巷、台门、二层商铺、纤道、八字桥、郭璞井、撑拱、藏书楼、会馆文化（行业、天后宫）、乌篷船、典当行	伞、扇、回春堂（药铺）、青田石雕、黄杨木雕、根雕、微雕（核雕）、都锦生丝织、宋锦（苏州）、杭罗、蓝印花布、浙南夹缬、萧山花边、东阳竹编、东阳木雕、浦江剪纸、细纹刻纸、翻簧竹雕、瓯塑（油泥堆塑）、年糕、黄酒、米酒
	中国扇博物馆	柯岩鉴湖	小河直街历史街区	闸北白塔	西兴码头及过塘行		
	中国刀剪剑博物馆		塘栖古镇	永丰库遗址	古纤道		
	中国伞博物馆		西兴古镇	庆安会馆	通济桥		
	杭州工艺美术博物馆		永丰桥历史街区	安澜会馆	水则碑		
	浙江省博物馆武林馆区		仓桥直街		永济桥		
	余杭方志馆		西小路历史街区				
	谷仓博物馆		驿亭镇五夫老街				
	绍兴博物馆		府前街历史街区				
	余姚博物馆		慈城				
	宁波博物馆						
	浙东海事民俗博物馆（天后宫）						

运河段	调研类型					特色总结	
	博物馆	文化景观	历史街区	重要公建	水利	建筑特色	业态（非遗）
江南运河	大运河长安闸遗产展示馆		海宁长安镇历史街区		长安闸遗址、"三闸两澳"系统	滨水河房，石台基下码头直接通到水里	海宁皮影、赛龙舟、长安灯会
			桐乡崇德古城旧址及横街	善长典		青石铺路长弄堂，前店后宅。二层民居，一层砖砌二层木构立面，常用木栏杆和阳台	桐乡蚕歌
	大运河湖州段展示馆		南浔古镇	丝业会馆、嘉业藏书楼、小莲庄、百间楼	頔塘故道	大型名人故居院落，砖雕门楼、建筑石、木构件雕刻精制、山面云墙。百间楼一层沿水连廊临河骑楼形式。中国传统建筑与西式建筑风格结合的特色近代建筑。临水石码头	湖丝、湖笔、三道茶、手工糕点

续表

运河段	调研类型					特色总结	
	博物馆	文化景观	历史街区	重要公建	水利	建筑特色	业态（非遗）
	嘉兴博物馆、粽子博物馆		月河历史街区、芦席汇历史街区	落帆亭、西水驿碑、文生修道院	杉青闸遗址、分水墩	沿街二层商铺，二层沿水一面做披檐，一层下部码头直接连水。山面观音兜、封火墙	嘉兴端午习俗、五芳斋粽子制作技艺、剔红漆器，铜器制作
江南运河	苏州博物馆苏州大运河遗产展示馆		山塘街、平江路历史街区	横塘驿站、织造署、名人祠堂、会馆、关税务司署、南社、瑞光塔	宝带桥、阊门、盘门、水文站、上下津桥	水陆城门，砖雕门楼、外向八字门，园林式民居院落、漏窗、花格栏杆、挂落、美人靠、石亭	苏绣、苏州缂丝、江南丝竹、桃花坞木刻年画、砖雕、竹编、文房制作、昆曲、评弹、明式家具、制扇技艺
			同里古镇	退思园、珍珠塔园	吴江古纤道	跨街墙门，外向八字门砖雕；梁架木构件雕刻精致；园林建筑元素、瓦片拼花铺地、漏窗、沿水连廊、玻璃门窗	同里宣卷、同里剪纸、水乡服饰

运河段	调研类型					特色总结	
	博物馆	文化景观	历史街区	重要公建	水利	建筑特色	业态（非遗）
江南运河	镇江大运河展示馆		伯先路历史街区、大龙王巷历史街区、新河街历史街区	广肇公所、镇江商会、同善堂、米业公所、梦溪园、宋元粮仓遗址	京口闸遗址、虎踞桥	近代中西合璧建筑入口牌楼；传统公共建筑外立面石门上加石匾额；传统民居两层由三面房屋围合，正面只有一面墙，五花山墙	汤面制作技艺（镇江锅盖面制作技艺）、酿醋技艺（恒升香醋酿造技艺）
	常州博物馆、规划馆		青果巷、南市河历史街区、前后北岸历史街区	前后北岸楠木厅、东坡书院	文亨桥及西瀛门遗址、中新桥	沿水民居码头连水，山面观音兜很高，楠木厅、内院一圈檐廊、侧翼长备弄	留青竹刻、常州梳篦、常州小热昏、刻纸

运河段	调研类型					特色总结	
	博物馆	文化景观	历史街区	重要公建	水利	建筑特色	业态（非遗）
淮扬运河	扬州盐运文化展示馆	古淮河文化生态景区	扬州南河下历史街区	盐宗庙	清江闸	盐商住宅、漕运总督	扬剧、淮剧、扬州评话、清曲、剪纸、玉雕、扬州漆器髹饰技艺、扬州炒饭、宝应全藕席、高邮咸鸭蛋、古琴艺术（广陵琴派）、十番音乐（邵伯锣鼓小牌子）、木偶戏（杖头木偶戏）、扬州弹词、盆景技艺（扬派盆景技艺）、茶点制作技艺（富春茶点制作技艺）、江都漆画、平绣（扬州刺绣）、灯彩（扬州灯彩）、绒花制作技艺、扬州通草花制作技艺、扬州三把刀、淮扬菜、蒋坝酸汤鱼圆、平桥豆腐、十番锣鼓、车桥剪纸、洪泽湖渔鼓、马灯舞、跳判、淮海戏、香火戏、工鼓锣、淮海琴书、文楼汤包、码头羊肉、淮安茶馓、朱坝活鱼锅贴、洪泽湖渔具制作
	大运河盐商文化展示馆	里运河文化长廊	东关街历史文化街区	钞关遗址	清口水利枢纽遗址		
	中国漕运博物馆		邵伯老街	盂城驿	邵伯老船闸		
	中国淮扬菜文化博物馆（淮安、扬州）		淮安河下古镇老街	镇国寺塔	洪泽湖古堰		
	盂城驿主题邮局博物馆		高邮南门大街	总督漕运部院	大马头		
	淮安戏曲博物馆			镇淮楼	邵伯船闸		
	淮安运河博物馆			河道总督署遗址	周桥大塘遗址		
	运河廉文化传承馆			丰济仓遗址	洪泽湖大堤信坝遗址		
				清江浦楼	三河闸		

运河段	调研类型					特色总结	
	博物馆	文化景观	历史街区	重要公建	水利	建筑特色	业态（非遗）
淮扬运河				淮安府署	淮河古码头		
				仙鹤寺	南船北马码头		
				天宁寺行宫			
中河	中国运河招幌博物馆		窑湾镇历史街区	山西会馆戏台		行宫文化	窑湾绿豆烧、赵信隆酱、天岗锣鼓、霸王锣鼓、鸿鹄皮影戏、苏北大鼓、苏北琴书、云渡桃雕、新袁柳编、洋河酒酿造、双沟酒酿造、水晶楂糕、乾隆贡酥、芙蓉果、皂河正月初九庙会、宿迁婚俗、窑湾甜油、草桥柳编、邳州年画、徐州剪纸、徐州风筝、徐州香荷包、徐州泥塑、邳州绣花鞋、邳州蓝印花布、邳州纸塑狮子头、邳州跑竹马、新沂七巧灯、邳州扬琴戏、邳州打铁花、新沂明帝捆香蹄、邳州蒲扇编织技艺
	宿迁市博物馆			赵信隆酱园店			
	中国粮食博物馆			南哨门			
				龙王庙行宫			
				宿迁大王庙			
				洋河酒厂			

运河段	调研类型					特色总结	
	博物馆	文化景观	历史街区	重要公建	水利	建筑特色	业态（非遗）
会通河	济宁市博物馆		济宁古城	济宁东大寺		卷棚厅堂、囤顶民居、斜撑挑檐、清真寺、钞关、盐运司、典当行	聊城木版年画、德州扒鸡、聊城熏鸡、乐陵小枣、东阿阿胶、临清烧卖、临清托板豆腐、沙镇呱嗒、阳谷空心琉璃丸子、张秋炖鱼…… 老字号：中和堂、中兴、板城庆元亨、张记点心店、张家狗肉、"永兴罗店"、济美酱园
	大运河南旺分水枢纽博物馆	南旺分水枢纽考古遗址公园	南阳镇				
	中国运河文化博物馆（聊城）		张秋镇				
			阿城	阿城盐运司			
			七级运河古街区	宁阳禹王庙			
			聊城古城	聊城山陕会馆			
				光岳楼			
			临清古城	临清钞关	会通桥（会通闸）		
				临清鳌头矶	问津桥（临清闸）		
				临清清真寺			
				临清舍利宝塔			

运河段	调研类型					特色总结	
	博物馆	文化景观	历史街区	重要公建	水利	建筑特色	业态（非遗）
南运河	码头镇运河记忆博物馆			泊头清真寺		清真寺、天后宫、天津民居	杨柳青木版年画、天津泥人、长芦海盐、河北（沧州）烧鸡、河间驴肉火烧、沧州火锅鸡、任丘茄子饼……天津小吃：天津包子、百果大发糕、百果碗糕、糯米切糕、烧卖、炸糕、天津麻花、炸素卷圈、春卷、煎饼馃子、天津烧鸡、茶汤、面茶、糖炒栗子、大梨糕、天津药糖、琥珀果仁
	沧州市博物馆			沧州北大寺			
	陈官屯运河文化博物馆						
	河北博物院						
	杨柳青博物馆		杨柳青古镇				
	天津市博物馆						
	天津民俗博物馆		津门故里	天津天后宫			
	天津老城博物馆			水局（消防）			

运河段	调研类型					特色总结	
	博物馆	文化景观	历史街区	重要公建	水利	建筑特色	业态（非遗）
通惠河	北京张家湾博物馆	颐和园		燃灯佛舍利塔	通运桥		老字号：御生堂、同升和、内联升、同春园、都一处、同仁堂、瑞蚨祥、听鹂馆…… 老北京十三绝：豆面糕、艾窝窝、糖果卷、姜丝排叉、糖耳朵、面茶、徽子麻花、蛤蟆吐蜜、焦圈、糖火烧、豌豆黄、炒肝、奶油炸糕 老北京小吃：炒肝、灌肠、羊霜肠、豆汁、卤煮小肠、炒疙瘩、芥末墩、豌豆黄、焦熘咯吱、炸咯吱盒、驴打滚、糖溜卷果、糖耳朵、面茶、酸梅汤、糖火烧、门钉肉饼、萨其马、徽子麻花、面茶 水铺、搭棚、裱糊、冰窖
	北京东四胡同博物馆	高碑店运河文化公园			平津上闸		
	北京史家胡同博物馆	.			万宁桥（澄清上闸）		
	北京古建筑博物馆				永通桥	胡同、四合院、牌楼、皇家粮仓、船坞	

运河段	调研类型					特色总结	
	博物馆	文化景观	历史街区	重要公建	水利	建筑特色	业态（非遗）
通济渠	定鼎门遗址博物馆	隋唐运河古镇	康百万庄园	隋唐洛阳城国家遗址公园天堂明堂遗址	柳孜隋唐大运河码头遗址	宋代铁塔，繁塔明代改矮，其余元宋以前地上建筑遗存，有多处现代仿古街区，相对有依据的是开封清明上河园，以清明上河图为原型。洛邑古城整体开发及运营较好 契约、匾额等专题博物馆内可搜寻与运河有关的文物；场馆内灯光设计可以借鉴洛阳宫灯及汴京灯笼设计，如康百万、大算盘、票号、典当行	汴绣、北宋官窑烧制技艺、开封第一楼灌汤包子、开封盘鼓、洛阳宫灯、唐三彩、豫西狮舞、汴京灯笼张、朱仙镇木版年画、豫北年画（滑县） 洛邑古城内集中较多非遗店铺，上面提到的是较为传统的，也有很多是近年的新非遗或本身特色并不明显 玉米叶画、秸秆画、布老虎、叶雕，民俗可参考《东京梦华录》
	中国隋唐大运河博物馆	清明上河园	泗州城遗址				
	开封博物馆	洛邑古城					
	河南博物院						
	洛阳民俗博物馆						
	洛阳契约文书博物馆						
	洛阳匾额博物馆						
	洛阳隋唐大运河博物馆（山陕会馆）						
	洛阳博物馆						
	汴京灯笼张民间艺术博物馆						

运河段	调研类型					特色总结	
	博物馆	文化景观	历史街区	重要公建	水利	建筑特色	业态（非遗）
卫河（永济渠）	平原博物院	大伾山石刻	贡院街历史街区（卫辉）	金龙四大王庙	云溪桥	隋唐粮仓仅剩遗址，现存地上建筑均为明清时期建。有运河祭祀建筑，祭拜治水名人。明清大名古城清真风格建筑较多，其中存一哥特式教堂	泥咕咕、道口烧鸡、秦氏绢艺 大名"二五八"（烧鸡、香肠、火烧） 大弦戏，在滑县非遗文化展示馆里有影像资料
	运河历史文化展馆	百泉	道口古镇	新乡文庙	道口镇码头		
	滑县非遗文化展示馆（老粮仓）			卫源庙			
				望京楼			
				徐家祠堂			
				滑县大王庙			
				浚县文庙			
				文治阁			
				古县衙遗址			
				浚县古城墙			
				大名清真东寺			
				大名天主教堂			
				大名山陕会馆			
				金北清真寺			
				黎阳仓遗址			

江苏在运河上的位置很特别，淮河、长江与大运河在此交汇，江苏段运河两岸形成了历史上中国东部最重要的城镇密集带，所以我们重点调研了大运河江苏段建筑遗产的价值、内涵和与运河的相互关系，并出版了调研专著《中国大运河建筑遗产研究（江苏段）》，这也成为"运河街肆展"重要的前期准备工作。

大运河各段地域性的建筑遗产研究成果以江苏、浙江和山东最多，其他地区以京津冀研究较多，河南、安徽因隋唐运河段建筑遗存较少，所以研究成果也少。在综合隋唐宋时期考古发掘和出土文物、历史文献、图像以及少量实物等资料进行研究后，我们最终确定了"运河街肆展"的展示方向，按照时间的递进和运河沿线城镇的空间分布由北向南依次"线性"展开。

"运河街肆展"在构思之初便确定要区别于常规展柜的陈列模式，不设展板、说明牌，所有的展览内容均由展品及内部开展的互动活动向观众表达，以"城市历史景观再现"的模式打造一个有历史场景和真实业态、让观众可以互动体验的展厅。虽然"运河街肆展"不同于"大运河展"由翔实的图文展板和丰富的文物构建的一个全方位的大运河知识体系，也不同于"舟楫展"是通过运河上历代的、分门别类的舟楫和数字化技术打造的一个专题知识展览，但其背后所有复原的古建、场景，甚至业态都有严谨的考证和清晰的逻辑作支撑。

通过前期调研，我们意识到在有限的展厅内勾勒出大运河沿线城镇历史景观面貌极具挑战性。这也给策展带来了一些困难，主要表现在四方面：首先大运河时空跨度大、沿线城镇众多，而展厅空间有限，所选择的展项应该具有典型性；其次各段需要协调好各类城镇历史景观要素，保证各段时空巧妙转换；再次为展现城镇商业繁荣，业态设置密集，招商入驻、管理运营将面临巨大压力；最后博物馆建筑设计与展陈设计存在冲突，例如展厅疏散、结构柱、层高等设计均不理想，这都需要展陈方案来弥补。

针对这些难点，我们决定从时间和空间、有形和无形四个维度展现主题，展览内容依旧维持了最初的四部分，如表 3-4 所示。

表 3-4　展览内容布局

时段	分段主题	展厅位置	展厅面积 / ㎡	表现运河段	表现地域	表现时代	代表颜色
隋唐宋运河	盛世东都，汴水繁华	西段（黄）	575	通济渠（汴河）和卫河（永济渠）	洛阳 开封	隋唐宋	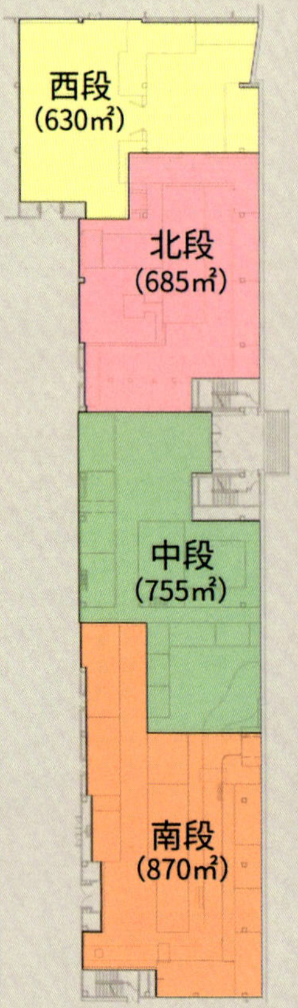
元明清运河	胡同深处，财赋京师	北段（红）	720	通惠河、北运河、南运河、会通河	北京 山东	明清	
	漕运枢纽，往来盐商	中段（绿）	848	淮扬运河、中运河	徐州 淮安 扬州 高邮	明清	
	人文江南，鱼米水乡	南段（蓝）	987	江南运河、浙东运河	苏州 无锡 杭州 南浔	明清	
总计			3130				

西段（630㎡）
北段（685㎡）
中段（755㎡）
南段（870㎡）

　　展览的第一部分以隋唐大运河通济渠（汴河）段和卫河（永济渠）段相关聚落为展示设计原型。我们主要选择了洛阳和开封作为参考城市，因为它们和隋唐大运河密切相关。隋唐大运河北至涿郡（今北京），南至余杭（今杭州），其中主要河道通济渠的起点洛阳为隋唐大运河的中心，隋炀帝游幸江南便是从洛阳出发。

　　安史之乱前，在唐代财赋中，关东和江淮同等重要，东都以东的各州将粮赋通过大运河运输至洛阳含嘉仓，再转运至京城长安。洛阳成为经济区与政治中心之间的最佳平衡点，盛况空前。一直到天宝十四年（755）安史之乱爆发，洛阳都是大运河的中心。安史之乱导致通济渠断航淤塞八年，直到广德二年（764）刘晏重开汴河，但改革了漕运制度，四方转运不再入东都洛阳，而是由汴河经黄河入渭水直至长安，洛阳的运河中心地位不再。随着经济重心的南移，汴河成为输送江淮财赋的交通主干道，位于汴河要冲的汴州也很快发展起来，一跃成为水陆贯通、贸易繁盛的大都会。公元960年，北宋皇朝建立，定都开封，称北宋东京城。汴河是京城构建的运河网中最为重要的河流。城内沿河两岸因漕运需要建造大量粮仓，进而出现繁华的行市，促进了街市的形成。民生和军事补给无不仰仗汴河漕运，南方富庶地区货物经它源源不断地运送到京师内外，其通畅与否决定着东京城的繁盛与衰落。

　　我们"点式"展现唐代洛阳城和宋代汴京城。宋代里坊制和坊市制逐渐解体，出现了临街开店的街市，居民区和商业区交叉存在，连成一片，形成了相互连通的大街小巷。展厅中由唐到宋的过渡，我们通过临街的店铺和宋代夜市进行区分，建筑制式也严格按照唐宋风格进行复原，如图3-26所示。

　　第二、三、四部分共同展现元明清时期京杭大运河和浙东运河沿线的城镇，按照运河沿线城镇的空间分布由北向南依次"线性"展开，各段所选历史文化景观均具有代表性，很好地阐释了运河城市文化。

　　从展厅的第一部分越过乌头门就到了运河北段，进入第二部分。京杭大运河北段，包括通惠河、北运河、南运河、会通河四个运河段，跨越北京、天津、河北、山东。这一部分主要以通惠河段与会通河段为展示设计原型，我们从中选取北京、

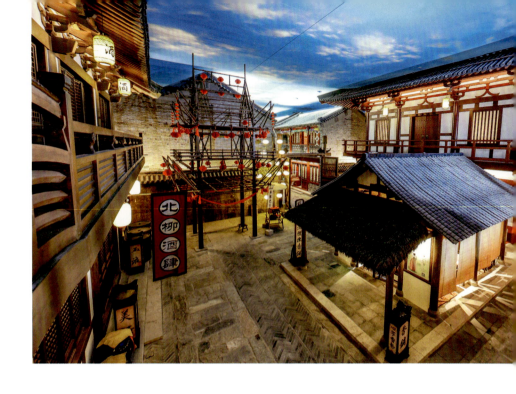

图3-26　唐宋建筑风格（上）
图3-27　北京沙燕风筝展示售卖区（下）

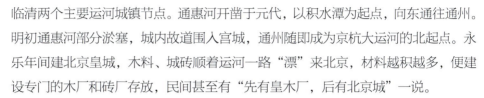

临清两个主要运河城镇节点。通惠河开凿于元代，以积水潭为起点，向东通往通州。明初通惠河部分淤塞，城内故道围入宫城，通州随即成为京杭大运河的北起点。永乐年间建北京皇城，木料、城砖顺着运河一路"漂"来北京，材料越积越多，便建设专门的木厂和砖厂存放，民间甚至有"先有皇木厂，后有北京城"一说。

明清北京城是在元大都的基础上改建而成的，胡同是贯穿整个北京城居住区的灵魂，各色四合院由胡同串联，这也是表现北京民居空间的重要元素。会通河段的临清城"因水而名""因河而城"，后又"因漕而兴"，成为南北水路要冲和漕运舟船必经之地，特别是明嘉靖、万历时期，成为北方声名鹊起的大都会，素有"富庶甲齐郡 繁华压两京"美誉。

这一部分选取了京杭运河段北京、天津、河北、山东等地运河城镇为参考原型，以老北京街市为蓝本，整体采用北方建筑风格，既有京师的繁华闹市，也有表现胡同景致与四合院的民居空间，动静结合。我们选取了北京、天津的风筝制作技艺，北方的木版年画等非常具有北方风味的非遗业态进行展示、售卖，与南方形成对比，如图3-27所示。

穿过北方的牌楼，便过渡到第三部分。

这一部分以中运河、淮扬运河为展示设计原型。中运河以窑湾为节点，窑湾镇位于京杭大运河及骆马湖交汇处，为南北水运枢纽和重要商品集散地。水运的兴盛带动了窑湾工商业的迅速繁荣，素有"东望于海，西顾彭城，南瞰淮泗，北瞻泰岱"之说。

淮扬运河，即淮安（中国大运河与古淮河交汇点）至扬州（中国大运河与长江交汇点）的这段河道，是中国大运河最早开凿的河道。隋唐运河让扬州发展为唐朝东南第一大都市。元代开通京杭大运河后，淮扬运河依然是其中重要的运输河道。明清时期淮扬运河漕运进一步发展，淮安成为漕运枢纽、盐运要冲，并设有漕运总督、河道总督，分管大运河的漕运与河务；扬州则成为全国盐业中心，城内设有两淮盐运使司衙署、盐宗庙。大批盐商聚集于扬州，留下了许多精美的宅邸园林。"因运而盛"的淮安与扬州，也因此跻身运河沿线"四大都市"之列。

为体现京杭大运河南段特色，我们以江南运河、浙东运河相关城镇作为参考原型，在展厅以一条水巷贯穿全程，通过文化兴盛、商贸繁荣、水乡风情表现运河南段百姓富足的生活风貌。

江南运河北起镇江，南至杭州，自长江至钱塘江北岸；浙东运河北起杭州西兴镇，南至宁波三江口入海。始凿于春秋，隋炀帝大业六年（610）重新疏凿拓宽后，一直是大运河的重要航道。江南、浙东运河在历史上承担着南粮北运、北货南输的重任，是唐宋以来历代王朝重要的税赋给养之道，如今仍是中国大运河中通航条件最好、航运最为繁忙的黄金水道，对经济社会发展起着重要作用。明清商业贸易的繁荣使得镇江、常州、无锡、苏州、嘉兴、杭州等运河沿线城市成为工商业发达的城市，这里市镇的数量和密度堪称大运河全线之最。设有织造管理机构的苏州、各类工场作坊集中的无锡、以丝织业加工崛起的南浔镇等都是"因运而兴"。同时，文化也随之繁荣，书院学堂、藏书楼、会馆园林、商业作坊、水乡民居等林立运河两岸。

江南自古繁华，怎样的场景才能凸显它的富庶？在这里我们以复原的"十里红妆"予以表现。"十里红妆"是浙东地区特有的婚俗，当地人嫁女的嫁妆大到雕花床（图3-28），小到针线板，种类非常齐全，几乎涵盖了新娘一生的用度，送嫁的队伍更是浩浩荡荡，蜿蜒十里。"十里红妆"宏大的规模、丰富的种类、精巧的工艺，无一不是运河两岸富庶的映射。

（二）站在巨人的肩膀上

我们的基本陈列能构建完整、成熟的知识体系，除了对他馆经验、观众诉求、技术成熟度的了解，很重要的还有前期学术研究成果的积淀。

中国大运河是世界上开凿时间最早、里程最长、运输规模最大的农业时代

图3-28　"十里红妆"展厅里复原的婚床

人工运河，是中国古代王朝的生命线。关于中国大运河的学术研究成果层出不穷，尤其是中国大运河在2006年被列入申遗预备名单和2014年正式被选入《世界文化遗产名录》后的这两个阶段，大运河相关的研究获得了学界广泛的关注，大量的运河研究著述和汇编典籍不断问世。关于大运河的历史文化、水利水工、遗产保护、传承利用等研究著述，为中运博的基本陈列策展工作提供了强大的学术支撑。同时，有关大运河的系列考古成果，不仅印证了记载运河的传世文献的真实性，也弥补了历史记载的缺失。中运博建设之初成立的运河考古队取得的针对性发掘成果，为我们提供了最好的内容支持。

诸多的历史文献、研究著述，对于普通观众来说过于专业和晦涩，如何将观众陌生的研究性、历史性文本转化为通俗易懂又不乏专业性的展览语言呢？我们要做的就是把古代文献中的文本内容转化为现代语言，对诸如水利技术、舟楫类型等较为专业的描绘则辅助新的展陈方法加以诠释，让观众在其中感知展览知识体系的合理性与连贯性。这就拉近了运河专题展览的历史性、专业性与普通观众之间的距离。

三、展览的拨云见日

"从无到有"的中运博，在各方的共同努力下，她的样子渐渐丰满，她的展览整装待发。每一个展览都经历了一次又一次的打磨，一遍复一遍的推翻、重构，观众才最终在展厅里看到光彩夺目的运河古今、千帆如林的运河舟楫和熙熙攘攘的运河街肆。

从展览文本大纲定稿到展览落地呈现还有很长一段距离，这背后既有展览设计的胶着，也有现场布展的"斤斤计较"。

作为一座从零开始的博物馆，中运博的空间营造也非常有特色，所以我们想从定制化的展陈空间开始讲述。

（一）定制化的展陈空间

展厅空间设计是多方位考量的结果，包括展示方式、照明要求、观众视角、展品与文字内容的关系等。通常的展览，都是在建好的场馆之内进行空间分割，然后根据展览大纲的一级标题划分区域，使各部分区域均衡分布；再依据二级展板的内容和文物清单进行深化设计，突出重要展品的展示空间，材质、体量特殊的展品、展项则需要考虑特殊的展示方式。

　　而中运博的建设筹备，场馆设计施工、展览设计方案和展品征集却是同步进行的，这既是中运博建设的难题，也是优势，可以帮助我们完成高难度且最契合展览内容的空间设计。因展品涉及大型模型和实体街区，我们对展厅空间建构提出了具体要求，建议展厅要有较大空间和较高层高并能满足特殊承重需要。当时对"大运河展""运河街肆展"的层高要求是 10 米左右，"舟楫展"净层高则要达到 16 米左右。这样的层高要求，并不是那么容易就实现的。博物馆建筑的外观是由设计团队决定的，建筑内部的空间分割是由展览设计和展品决定的，各项工作同步推进是展览实现个性化空间定制的前提，这在博物馆建设中并不多见，更是我们空间营造的最大特点。

　　中运博的基本陈列以独具特色的高大主题空间和恢宏的设计风格，力求实现运河文化知识传播的全面性和多样性。我们根据展览内容和形式设计规划展厅空间高度和参观流线。三个基本陈列位于展厅的一层，总体空间流线是顺时针的回字形，以公共长廊连接，参观线路不重复交叉，确保观众在较大空间看展不迷路。基本陈列展示角度各有侧重，对空间的需求也各有不同，我们对展厅空间进行了"量身定制"，每个展厅的展陈空间都各有特点，每个展览都力求主题、展品、空间、技术融为一体（图 3-29）。

　　空间恢宏的"大运河展"。展厅空间层高 9 米，展线总长约 510 米。空间设计从"高大空间""视觉表现""展品内容"三方面展开（图 3-30）。在空间营造上突出三大特色：一是构造突出核心展品的空间；二是现代极简，聚焦视觉艺术；三是追求真实，强调用"物"说话。我们通过将大型文物与展品组合展示，营造开阔、疏朗的空间，打造多个视觉爆点。

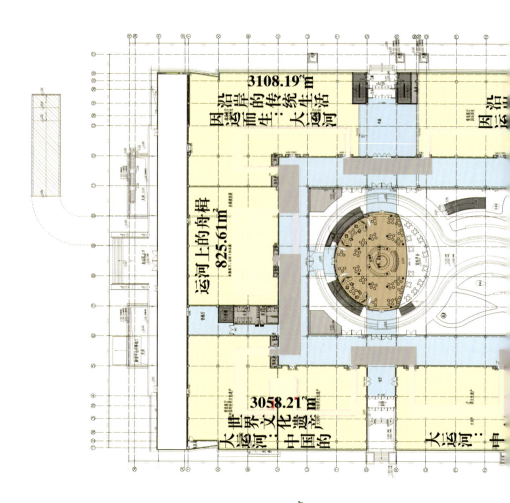

3108.19㎡

因沿运而生岸的：传大统运生河活

因沿运

运河上的舟楫
825.61㎡

3058.21㎡

大世运界文河化：遗中产国的

大运河：中

展厅：观众体验展区
非遗剧场场区
游客中心
临时展厅
文创商店
餐饮区
贵宾接待区
后勤办公区、考古工作区
文物库房区
职工餐饮区
观众停车场
公共停车场
设备用房
水平交通
垂直交通、卫生间

面积：
大运河——中国的世界文化遗产：3058.21㎡
因运而生——大运河沿岸的文化生活：3108.19㎡
运河上的舟楫：825.61㎡

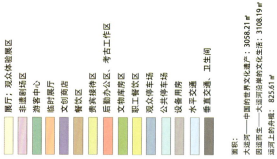

图3-29　基本陈列空间分布——层流线平面图（标高±0）

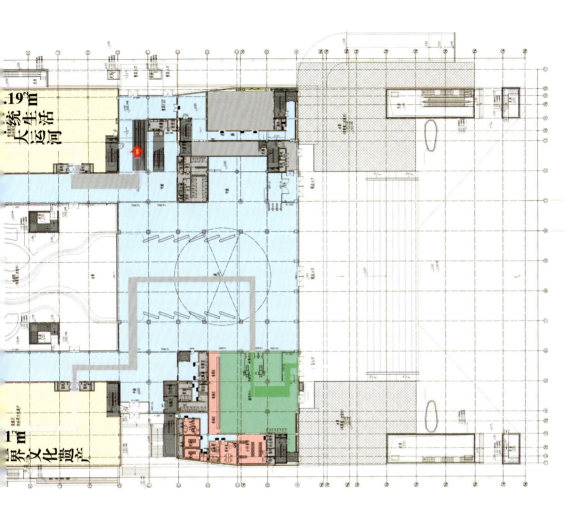

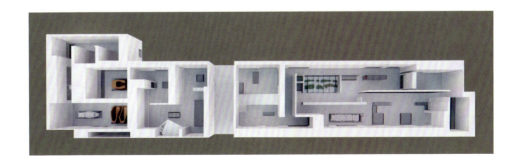

图3-30　"大运河展"空间轴测图

图3-31 陵口石刻与汴河剖面之间的敞开式参观空间

　　首先是为重点展品定制开敞空间。"大运河展"的展陈空间高阔舒展，参观流线清晰简洁，处处体现出"中国的世界文化遗产"主题的大气恢宏。一定有观众好奇，为什么中运博的传统历史展厅要规划9米的层高？其实这和我们的展品有关。"大运河展"展厅有10余件大型展品，展览的空间是围绕大型展品来营造的。其中最令人震撼的展品之一就是横宽25.7米、纵高8米，来自河南省开封市的汴河州桥遗址剖面，这也是目前国内揭取体量最大的土遗址剖面。我们为了这一剖面远行千里、"量体裁衣"，才使蕴含唐宋繁华的运河河道能够完整呈现、跃然墙上。

　　展厅的9米层高和汴河州桥遗址剖面的高度密切相关。充分利用展厅高度的汴河州桥遗址剖面为"大运河展"第一部分营造出了强烈的视觉冲击感，是整个展览的第一个"视觉爆点"，它将大运河厚重的历史信息和文化价值毫无保留地真实再现，牢牢抓住了观众的视觉焦点和注意力。

其次是合理分割空间，聚焦视觉艺术。例如，宋代汴河州桥遗址剖面与南朝时期的"丹阳陵口石刻"正面相对（图3-31），剖面与石刻间留下了南北长 25 米、东西宽 10 米的敞开式参观空间，宛如一处小型广场，让汴河剖面一览无余。顶面错层照明将射灯隐藏起来，避免眩光，空间效果干净舒适。

第一部分京杭大运河展厅内，我们通过长达 10 米的铁瓮城明清石板路、20 米的《京杭道里图》长卷、两艘古船仿制模型，以石板路为中轴线，南北走向组合展示，展线流畅，视野通达。明清道路的展示由框架式可攀登的密封玻璃栈道方案调整为上不封顶、四周采用玻璃围挡的开放式陈列，避免了框架结构对石板路的遮挡，最大限度地释放了观众视野，达到一目了然、流线延伸的空间展陈效果（图3-32）。

图3-32 "平铺直叙"的石板路空间

第四部分空间营造主要围绕着复原的镇江唐墓、宜兴宋窑两件大体量展品展开。基于镇江唐墓和宜兴宋窑体积大、重量大的特点，展陈空间和方式的选择以符合展厅地面荷载为必要条件，以保证展品的结构稳定为前提要求。空间设计上，由于唐墓和宋窑相对高度较低，圈层吊顶的设计在协调展厅挑高与展品高度失衡的问题上收效甚佳，吊顶与展品也形成了自然连贯的单独展陈空间，较为完美地实现了区域分割，既保证了大型展品的独立性，又突出了展品的视觉聚焦。

我们也对展厅的高大空间进行了巧妙利用，充实展陈内容，从而让"物"说话。例如展厅第三部分的回洛仓仓窖断面展示设计，以展厅西侧的立柱区域作为模型断面的建造区域，既完美解决了立柱空间难以有效利用的问题，也为仓体屋顶结构提供了有效支撑点。回洛仓单体模型的设计充分利用空间挑高，仓顶总高度约9米、半径约5米，立柱间断面宽约8米，仓底半径约4米，构建出巨大的半开放式仓体空间，整个模型尺寸与仓储原型真实尺寸基本相近（图3-33）。立柱之间的仓体断面真实还原了仓体建造结构，再现了烘烤墙壁、抹青膏泥、贴附木板、铺缀竹席等一系列流程。在巨大的仓体模型空间内，又设置了回洛仓城的沙盘展示，既避免了地面空间浪费，又充实了展陈内容。真实尺寸的仓体模型与微缩仓城沙盘的对比设计，虚实结合、特色鲜明，对于复原隋代大型粮食仓储全过程具有最直观的教育价值，让观众置身于大型仓体空间，可充分体验古代卓越的建筑技艺（图3-34）。

层次丰富的"舟楫展"。不同于空间恢宏的"大运河展"，它的空间更加精巧别致。"舟楫展"是三个基本陈列中展厅面积最小的，但其空间却是最富层次感的（图3-35）。

一个空间如何实现多种视觉感受？我们先是以主展品为核心划出内部独立空间。展陈概念初成后，我们在建筑设计期间就开始对接展览空间的具体要求，对馆内展厅进行空间预留、划分不同层高。"舟楫展"的主展品是一艘等比例

图3-33　回洛仓仓窖复原、回洛仓仓城模型效果（上）
图3-34　宜兴宋窑、镇江唐墓效果（下）

复原的大船，长 20 米、高 16 米，需要高度 15 米以上的空间承载、预留足量活荷载。因此，设计预留了最高处 17 米，总体面积 865 平方米的展厅空间，以便展项设计时可利用空间层高特征，带来独特的参观视角，打通参观视线限制，让观众在流畅的参观视线中，体验展览的趣味性和丰富性（图 3-36）。

通过划分内外空间，营造三层递进的观展体验。首先是高 11 米的外部空间，从序厅开始以 78 艘船模为展示主体，观众通过徐徐上升的栈道，浏览舟楫模型，感受运河上百舸千帆的场景（图 3-37）。

随后由船模空间进入真实的沙飞船沉浸式空间，观众可从内部通过窗格观览船行途中的景色，也可走到船头感受运河全景，这种空间上的变化带来了时间感知的改变，观众如同穿越时空。而观景平台的窗洞则可供观众全览整个沙飞船在场景中的效果，慢慢脱离历史境象，通过尾厅的悬廊回看展览全貌。

我们将数字技术融入"舟楫展"中，充分利用沙飞船空间的内侧墙体，设置沉浸式数字媒体画面，使此处成为绝佳的数字体验空间，数字技术和实物展示相结合，不仅可提升体验效果，更能彰显运河舟楫的非遗文化价值。整个展厅既是展品丰富的展陈空间，也是极具体验感的数字空间，二者相辅相成，为观众打造了完整的沉浸式观展体验。

双重空间的"运河街肆展"是古代建筑复原的沉浸式体验空间，"城市历史景观再现"的策展思路，要求扩搭建宏大的街景及建筑空间。因此在博物馆建筑设计前期征求意见时，我们便强调了"运河街肆展"的独特性，展厅内部空间高度需充分考虑展品建筑的高度，最终该展厅层高为 11.4 米。同时，由于展览设计有"河道"，局部还做了 0.5 米的降板处理。

展厅总面积 3100 平方米，宽 23 米，长 134.4 米，平面大致呈长条状，确保展览更有古代街道的感觉。我们依据展陈内容将展厅分割为四个部分，在每一个空间的过渡中，用各具时代特色的楼宇蜿蜒相接，在高阔的空间内复原屋舍错落、檐角层叠的真实街景（图 3-38、图 3-39、图 3-40、图 3-41、图 3-42）。

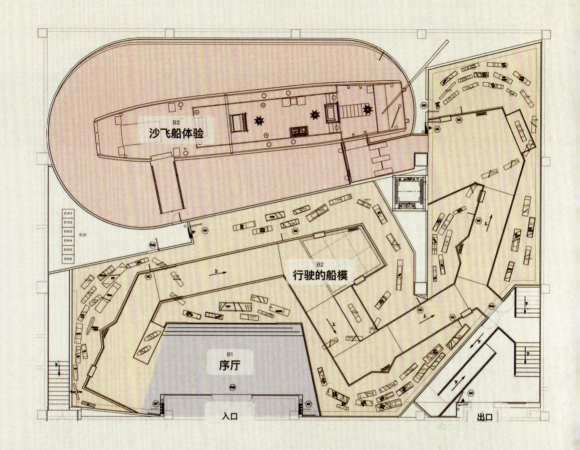

沙飞船体验
B3

行驶的船模
B2

序厅
B1

入口

出口

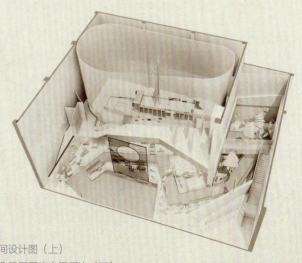

图3-35 "舟楫展"空间设计图（上）
图3-36 展区轴测图，凸显展厅的空间层次（下）

图3-37　缓缓上升的栈道与船模效果

舫船 | Fang | Luxurious Ship | Liang Ship |
舫船，又名"双船"，是将两船并连起来，
有大宏敞的厅室。一般做游乐场所用，是古
代官宦和达官贵家，各船多华丽绚烂。

百舸争流
Hundreds of Boats Splashing Forward

客船
客货船

第一部分 | 盛世东都 汴水繁华

图3-38　空间轴测图

第二部分 | 财赋京师 富甲齐郡

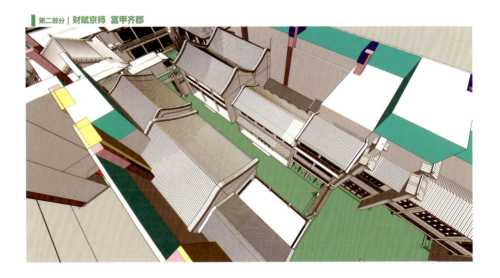

图3-39　空间轴测图

图3-40　空间轴测图

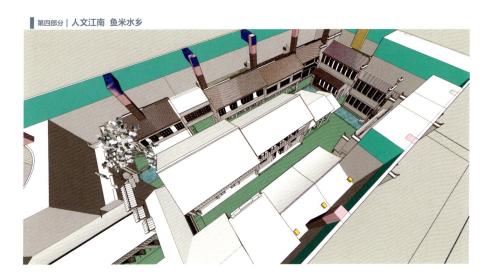

图3-41　空间轴测图

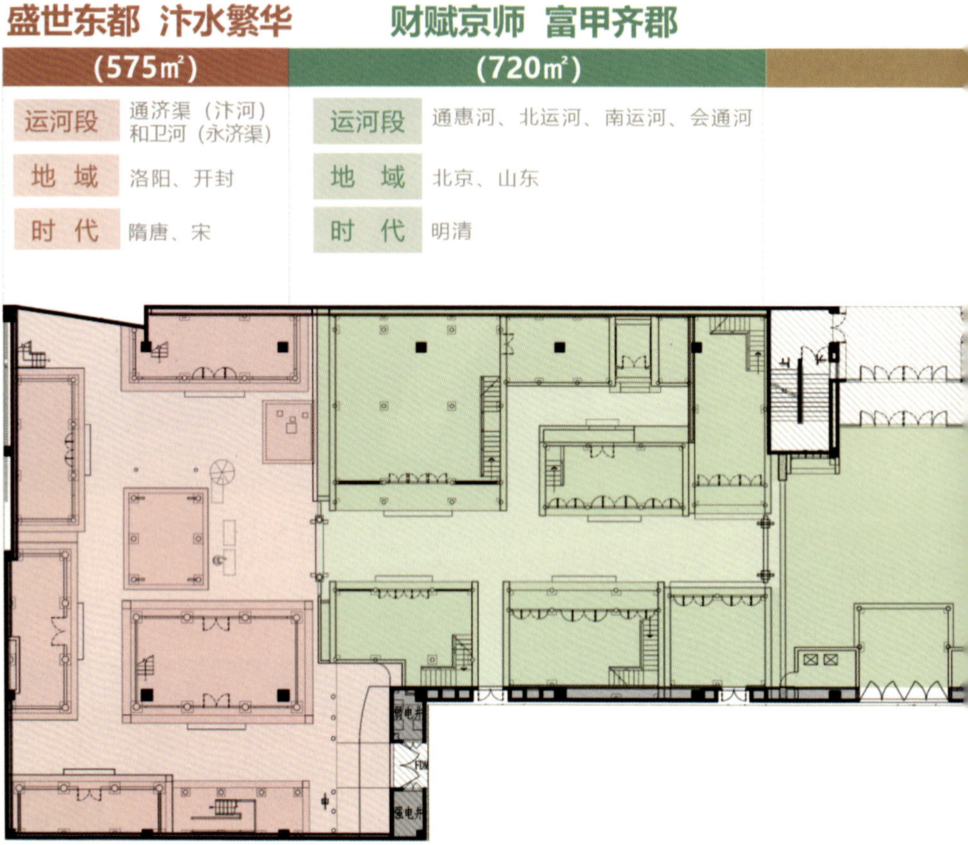

盛世东都 汴水繁华		财赋京师 富甲齐郡	
(575㎡)		(720㎡)	
运河段	通济渠（汴河）和卫河（永济渠）	运河段	通惠河、北运河、南运河、会通河
地 域	洛阳、开封	地 域	北京、山东
时 代	隋唐、宋	时 代	明清

图3-42　长条状的内部空间及其区域分割

运枢纽　往来盐商
(848㎡)

河　段	淮扬运河、中运河
域	徐州、淮安、扬州、高邮
代	明清

人文江南　鱼米水乡
(987㎡)

运河段	江南运河、浙东运河
地　域	苏州、无锡、杭州、南浔
时　代	明清

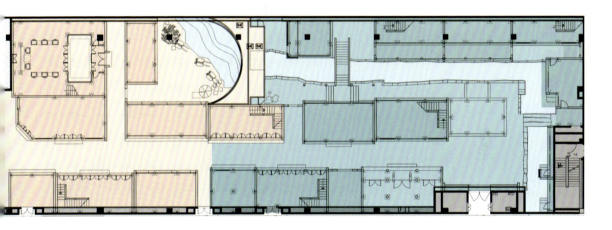

　　"运河街肆展"的展览空间因展览模式的创新而推陈出新。博物馆展览普遍做法是将展品陈设于室内，形成一种有距离的观赏空间。而"运河街肆展"的展厅虽然是室内空间，但是展陈的对象却是室内外场景兼容，室外场景包括街景、河景、广场、建筑及其环境，室内场景包括各类建筑内部的场景布置。这种步入式的展陈形成一种亲密的体验空间，因此展览策划时除了重视展品设计外还要关注展品环境的营造，比如对日夜、四季、天气等的模拟。展厅不再只是一个容纳展品的"容器"，展厅内部空间环境的塑造和展品设计同样重要，对展品陈列效果起到了烘托、提升的作用。

　　该展览的展品属性也十分特殊，以不可移动的建筑物、构筑物及其环境为主要展示对象，具有复杂的空间形态。因此"运河街肆展"首先构建了沉浸式的二重空间环境。

　　一是展品空间设计，具体包括建筑、街巷、河道、广场等内容。这些是观众直接体验的第一重空间。空间设计主要从节奏、节点、尺度等方面考虑。

　　"运河街肆展"的复原建筑有两层，楼梯、虹桥、过廊等构成立体展线，在展览动线上设置有不同属性的空间。在街道空间为主的背景下，各段设有广场、支巷、河道、廊桥等，形成了具有节奏变化的空间组织，观众可以从多个维度体验。为了协调各段交接处的空间，我们设计了空间节点作为过渡，例如虹桥、彩楼欢门—乌头门、牌坊—戏台、码头、过街廊、石桥等空间都让各段的过渡衔接显得自然。

　　在空间尺度方面，首先要考虑展陈情况，保证室内展览以及业态的合理布局。但由于是在展厅内部表现室外场景，设计中需对实际尺寸按一定比例缩小，不过空间比例关系仍保持在合理范围内。在各段，由于建筑规模、尺寸、风格等差异较大，缩小比例并不一致，比如西段的隋唐建筑，其建筑风格应宏伟大气，建筑构件需符合斗栱硕大、出檐深远等特征，但因空间受限，设计值缩小得较为明显。后三段的明清建筑尺寸较小，展厅空间足以容纳，故设计值趋于实际尺寸。

在街景空间设计中，我们比较注重界面比例的设计，西段、北段街道较为宽阔，中段、南段街道较为狭窄，胡同及小巷的层级较街道低，比例尺寸更小，这些均符合时间及地域特征。因展厅宽度受限，在南段水陆并行的展览内容设定下，河道空间选取了 2.5 米的水道宽度，水岸两边建筑形象做了退后处理，水巷的空间感比陆路紧凑，街道、建筑尺寸较小，不仅给观众江南临水小街巷的空间体验，也使得该段水域比例控制在视线合理范围以内。

二是展厅空间设计，主要指天空和背景等展厅环境设计。其作为展品空间的进一步外延，侧重营造环境气氛，是观众体验的第二重空间。展厅空间设计主要从二重空间衔接、虚拟空间营造、背景空间想象等方面考虑。二重空间衔接是策展初期就持续考虑要解决的问题。由于展厅内部有结构柱及设备管线，展品和展厅的墙体、楼板存在交接面，因此需要在展厅空间设计中做好隐藏和衔接，通常将结构管线等藏在展品内部，或者通过刷黑、灯光、遮挡等方式消影。虚拟空间营造主要集中在天空及背景两部分。

其次是内外、虚实、分合三层面的二重空间叙事。

内和外，由于是在室内空间营造室外场景，展厅空间是封闭的、内向的，而展览呈现的城镇景观是开放的、外向的，便形成了一种反差体验。例如南段 LED 天幕播放电闪雷鸣的画面，配合仿真雨系统模拟雨景，观众看到展厅下雨时，反应都很兴奋，而如果是自然环境下，观众在雨中游览仿古商街，兴致必定大减。该展览的展品主体为建筑，因此展品具有空间属性，建筑通过楼梯、廊道、隔断形成立体的多层次空间，观众可在不断进出各建筑中可体验不同业态和展览，同时可不断切换内外空间体验，故而在参观过程中普遍能保持兴奋。从第一重展品空间到第二重展厅空间，具有内外的层次感，展品的近身体验、环境的感官体验均丰富了观众的感受。

虚和实，首先展品建筑实体的营造是该展览的重点，按照运河沿线各段建筑时代和地域特征建有商铺、民居、戏台、邮驿、粮仓、官署、救熄会、城门等，建筑

图3-43 沙飞船全景3D体验区

内部空间均能布置陈设，可引入业态供实际使用。当然，受限于展厅空间，少量建筑只能以建筑局部或立面出现，不能反映实体建筑的全貌，例如北段四合院只做出胡同内的金柱大门及倒座；中段的盐商住宅只选了第一进院落作为展示对象；南段的水城门只表现了立面，在展品建筑的表达中形成一种虚实层次关系。再者展品建筑和展厅环境的空间表达也呈现出一种虚实关系。展品建筑基本可视为实景，环境空间的营造基本采用多媒体技术、壁画远景来呈现虚拟的空间想象。这种虚实对比，让观众既有真实的实景体验，又能体验展览呈现出的想象情景，观众时刻介于历史实际和浪漫想象之间，从而达到了较好的展览效果。

分和合，"运河街肆展"的城镇景观是对应中国大运河的时空关系分段构建的，表现出分合的特征。中国大运河依贯通时间可以分为两段历史时期，展览空间据此分成两个独立的历史空间，表达隋唐宋时期和元明清时期的运河城市景观。在各自的历史分期空间中，西段将隋唐的洛阳和宋代的汴梁城市空间衔接在了一起，北、中、南三段则按照京杭大运河、浙东运河的空间走向，自北向南将相同历史时期不同地域的城镇空间组合在了一起。这种分合的展现，勾勒出了不同时代运河沿线的历史城镇风貌，让观众仿佛置身一场时空穿越之旅。

正是因为定制化的展厅空间，才能为观众打造差异化参观体验的展览，而我们的形式设计既要契合展览内容，也要服从于实际空间。在"城市历史景观再现"的展览模式框架下，这一展览构思设计出了特殊的体验空间（图3-43），它区别于传统，将展品和人紧密结合在一起。该展览空间还呈现出一种特殊的二重性特征，对立统一、错综复杂、层次丰富。观众出入于这种反差的空间，油然生发出一种有趣的展览体验。在"运河街肆展"中，展览空间的塑造对展览效果的影响是决定性的。空间是该展览为观众呈现的重要体验内容，这种对空间的表达和展品的呈现相得益彰，在展览中能发挥促进作用，值得进一步研究并应用于展览项目。

（二）形式设计的创意构思

博物馆展览设计是文物、标本和辅助展品的科学组合，展示社会、自然历史与科学技术的发展过程和规律或某一学科的知识，是供观众欣赏的科学、艺术和技术的综合体。一个完整的展览策划包括内容设计和形式设计，在确定基本内容之后，要实现预期的展览目标，有两条路径：一是确定文物展品；二是根据文物展品与内容表达提出陈列创意。中运博的基本陈列力求形式创新、互动丰富，知识性与趣味性相结合，融展览、展示、展演于一体。我们将考古发掘的大型遗迹和可移动文物进行组合，根据主题需要特别定制大型复、仿制品，并制作沉浸式"实体体验＋虚拟体验"、城镇历史景观再现等展项，形式多元、层次丰富，力求展示手段推陈出新。

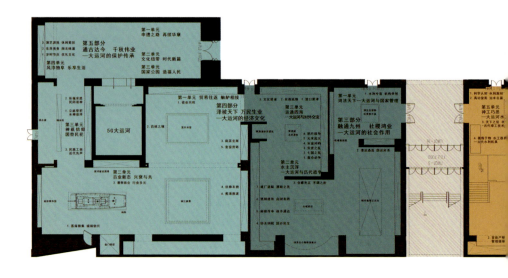

图3-44　最终的形式设计布局

除了传统文物的陈列，博物馆还为观众打造了立体多样的展示展演和饶有趣味的互动体验；将展览策划融入空间与流线设计，在参观路线的变换中注重节奏感，不时给观众带来视觉审美和知识传播的"惊喜"。

"大运河展"设计布局（图3-44）的突出亮点在于以大型展品为核心，展示组团化的文物展品，并辅以艺术品、多媒体等，达到图、文、物和影像在超大空间的极致契合，以历史叙事的方式、立足于世界文化遗产的宏观视野，结合文物打造展览亮点，形成重点记忆，在展品内容和视觉表现上突出主题内涵。

作为全景展示中国大运河历史面貌与文化价值的通史展，"大运河展"以紧握历史脉络的叙事方式，用实物资料说话，通过"物"保证陈列展览的原真性和科学性，这是最主要的展陈手段。以多件大型文物为核心、总数多达1万

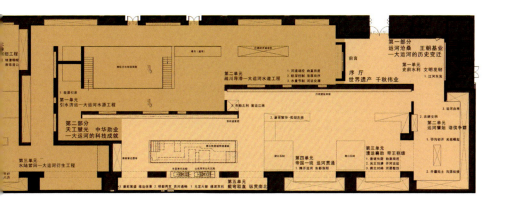

余件的三层展品体系为基础，我们在设计中摒弃非真实的造景、雕塑手段，着力对于各类文物的定制化、精细化、艺术化陈列。

该展厅的形式设计以"物"为核心，在文物的选择上我们也有一些思考，除了征集，是否还有其他途径？大运河沿线的考古发掘工作曾经为大运河申遗发挥了关键作用，但考古出土的文物多收藏在各省(市)博物馆或考古所。除了通过借展、交流、交换获得部分文物、标本外，能否通过其他方式获取运河文物展品？这就需要策展团队转变观念和思路，其中考古学的材料和思维在这场展览当中扮演了重要角色。

事实上，运河考古发掘的不可移动文物如运河的河道、大堤、闸坝等，其河道的剖面、船闸的淤积层、闸坝的地钉和石块等都是展示运河原真性的极佳展品。根据这样的思路，在各省市兄弟考古单位的支持下，我们获得了一批重要的展品，这

图3-45　仪征拦潮闸河道堆积

也成为"大运河展"最大的亮点，比如来自开封唐宋汴河州桥遗址河道的超大剖面、扬州仪征拦潮闸厚厚的河道堆积（图3-45、图3-46）、整体打包而来的一对镇江唐代船形砖室墓，完整提取的宜兴宋代窑址、鉴真东渡处——黄泗浦遗址的水井，来自徐州"城下城"的道路防水水工遗迹。在"用材料说话"和"透物见事"的考古学研究思维下，我们以历史叙事的方式、立足于世界文化遗产的宏观视野，将不宜移动的大型文物变为能进入展馆的展品，转不动为动，既是对不可移动文物的保护与利用，也能最大限度地发挥文物自身价值，真正让文物"活"起来，做到物尽其用。

图3-46　复原的仪征拦潮闸河道堆积展厅

　　怎样将这些大型的、不可移动的展品搬进展厅，兼顾文物保护与科普展示呢？

　　不同文物具有不同特点，我们采用了"定制化"的搬迁手段。来自开封州桥遗址的汴河剖面体量巨大，2020年11月，历经一年多的多方沟通和精心准备，在发掘单位的大力支持下，我们采用了因地制宜的分段方法，并利用特殊材料进行揭取。根据考古现场的台阶状发掘方法，将汴河剖面以宽1米、高近2米的长方形单元合理划分，将整个剖面分为180余片，并逐一编号揭取。2021年5月，汴河剖面的布展工作启动，经过加固、修整和保湿喷护等一系列处理后，依照揭取顺序左右衔接、上下贴合，分片提取的汴河剖面在展厅现场又被一一缀合粘连（图3-47），然后固定在展墙上。这项工作也因得到了河南省文物考古研究院和开封市考古所的大力支持而顺利推进。

图3-47   汴河剖面进展厅后拼接、缀连（上）
图3-48   砖室墓打包（下）

　　唐代船形砖室合葬墓是展厅中最重的文物，整体重达55吨。为了能让观众在展厅里看到它，我们几经周折，付出了很多努力。从出土地江苏句容茅山运到中运博，因高速公路车载严格控制吨位，过长江还需选择轮渡，加之部分道路限高，为了便于运输，我们将其分为3块打包（图3-48）。如此重量级的文物对博物馆建筑的承重也提出很高要求，经过测算，刚好达到建造之时每平方米2吨的承重，但仍旧具有一定风险。为了文物安全和展示安全，我们将外围保护性的负重优先清除，并在底部铺设仿木增大接触面，最终使负重小于承重极值。这件大体量文物进展厅的最大障碍，在于博物馆主体已经建造完成，现有通道无法确保大型文物通过。布展方案磋商数次、沟通数家文物运输公司、现场几度勘查，最终我们只能将展厅西面的墙体进行部分拆除，花费了不菲的代价才将其运进展厅。打包时是连着砖室墓外的泥土一起运进展厅的，所以我们还要完成一个室内考古的过程，就是将这些泥土全部剔除，只留下砖结构的整体。文保所的专家对其进行了加固，砖室墓内部用钢结构作支撑。室内考古清理和文物保护同时开展，考古与装修同步，布展与保护并进，才有了现在展厅里呈现的砖室墓展品，完成了不可移动文物的展示。为全方位展示大型文物进馆过程，我们制作了小彩蛋向大家展示（图3-49a、3-49b）。整个工作耗时耗力，团队付出大量精力，但最终呈现效果得到观众的认可。这也是我们策展的初衷，希望让观众尽量通过原本的实体得到真实的感受。

　　土结构的宜兴张渚凤凰村窑址，砖较少，结构相对脆弱，布展难度更大。在运输时我们同样采取切割修复的方式，进入展厅后再通过室内考古清理的方法，最终实现复原展示。这也是中运博对不可移动文物保护、传承、展示的探索。

　　为了让观众理解这些文物的历史信息，我们通过形式设计凸显文物价值。对于汴河剖面，我们采用"地层学"的表述方式，用白线绳区分出汴河剖面的各层位堆积；再结合各层位堆积内包含的文物特征，对应说明相应的年代信息（图3-50）。时空经纬，汇于一面：锅底状的唐宋堆积，是繁忙河道的真实表现，汴河漕运，彰显立国之本；元代的堆积截面如浅盆，河道不再深广，显示政治中心北移，京杭运

图3-49a　文物进馆过程及最终效果呈现

图3-49b　文物进馆过程及清理

图3-50　剖面揭取现场

河的取直，让汴河慢慢失去了"国家交通动脉"的重要位置；明代的层位堆积逐渐趋平且最为深厚，黄泛砂土层清晰可见，见证了明末的黄河泛滥，河道两侧房址地基矗立，河道已然狭如窄沟。我们还将征集到的对应年代的文物放置于地层之间，让观众直观感受运河历史的变迁。

镇江铁瓮城明清石板路，也是展厅中令人震撼的展品。铁瓮城号称"三国东吴第一城"，为三国时期孙权始筑，历经晋、唐直至明、清，长达 1700 年。考古工作者在铁瓮城遗址发掘区的北部发现了一条保存较完整的石铺路面遗迹。石路呈东西向分布，揭露部分长约 27 米，宽约 3 米。石路用石块平铺形成，中间部分稍高，用较大石块平铺，两侧稍低，用较小石块铺设。根据地层叠压关系，推测石板路明代始筑，清代晚期废弃。

作为展品的明清道路，整取长度为 10 米、宽 2.2 米、高 0.7 米，底部总面积 22 平方米，总重约 18 吨。起初关于石板路的形式设计我们希望采取钢架结构上加玻璃让观众可以从上面走过去的复原呈现方式，还原路的本真作用。但发现钢架结构会遮挡石板路的全貌造成视觉割裂，最后去除顶层玻璃采用全面展示的方法，并组合其他文物完成空间叙事，这种展示方式也颇为壮观。

"物"既包括文物也包括展品，其选择需根据陈列内容和主题确定。我们定制了一系列辅助展品，实现以物"说话"。为更好地阐释大型展品的文物信息，缓解单纯的视觉冲击或单一的展品材质带来的审美疲劳，各大型展品多有与主题相关的铺陈展品，如汴河剖面上根据地层划分，在对应年代上放置的瓷器展品；拦潮闸堆积除去地层中包含的丰富遗物外，还设置了拦潮闸遗址出土文物的单独展柜；隋代的回洛仓模型则辅以回洛仓仓城沙盘，同时重点展示了出土于洛阳含嘉仓 160 号仓窖的"炭化粟"实物；宜兴宋代窑址虽用以烧制砖瓦，但相邻展柜内配以各大窑口的大量瓷器，也为窑址功用注入了更多内容。

辅助性展品与大型文物相为映衬、交互佐证，极大地增强了观展乐趣，提升了展示效果。在展示大运河的科技成就时，我们就运用了大量与运河水工相

图3-51　水工模型

关的工程模型（图3-51），其中南旺分水枢纽工程和清口水利枢纽工程的沙盘模型是展厅中非常吸睛的两件展品。

　　南旺分水枢纽工程以漕运为中心，因势造物，相继修建了疏河济运、挖泉济流、蓄水济运、防河保运、增闸截流等一系列结构缜密的系统配套工程，是京杭大运河全线科技含量最高的工程，其技术水平和施工工艺可以与都江堰相媲美。南旺分水枢纽的展示结合可控的沙盘模型，形象直观地诠释了这一水工技术"汶上分流南北，北会黄河，南入江苏，七分朝天子，三分下江南"的功能和作用（图3-52）。

图3-52　南旺分水枢纽机电沙盘

　　对这件沙盘模型展品所处的位置及其展示方式、观众观看的视角、与观众的互动，我们都进行了创意陈列设计，以期达到最好的展陈效果。沙盘模型还设置了透明的二层平台，观众可以走上二层平台俯瞰南旺分水枢纽的全貌，从而更直观地了解京杭大运河最高点是如何实现通航的。

　　清口水利枢纽集成了与水动力学、水静力学、土力学、水文学、机械等相关的经验型成果，建筑了水流制导、调节、分水、平水、水文观测、防洪排涝等大型工程，成为枢纽工程组群。这一复杂的水利工程，如何才能展示得直观易懂呢？我们通过制作电子沙盘进行详细演示，并配上了对应的解说，同时在展柜中进行图文展板和文物组合展示。在沙盘的内容制作中，严格依据历史文献和考古出土成果进行复原。

　　除了大型文物的体量刺激和定制化展品的直观感受，"大运河展"还创新性地设立了独特的沉浸体验空间，用现代科技为展览赋予全新的生命。依托先进的科学技术，我们与《现代快报》合作，利用融媒体技术策划制作了"5G 大运河沉浸式体验区"，这里有裸眼 3D，5G+VR 720° 全景视角和千亿级像素的超高清视觉等高科技互动技术，数字化、可视化呈现千年运河的历史风貌和文化底蕴（图 3-53、图 3-54）。

　　中国大运河串起来沿线诸多名胜古迹，风景秀丽的瘦西湖正是大运河遗产点之一，架设在瘦西湖最具标志性的五亭桥对面的超清 VR 摄像头，依托 5G 信号将美景传输到展厅，只要动动手指，720° 运河美景尽在眼前。"千亿像素看大运"，又是怎样奇妙的体验呢？在苏州山塘河畔的街角暗藏着 29 处 VR 摄像头，可带观众身临其境逛一逛繁华的七里山塘，俯瞰"人家尽枕河"的运河水乡美景，滑动手指，还可以看到东方之门和虎丘塔，现代与传统交相辉映。

图3-53　裸眼3D技术打造5G大运河（左）
图3-54　观众置身于裸眼3D视频空间中（右）

图3-55　深色背景墙上舟楫造型的浮雕

　　展厅内的灯光设计也要为内容服务。受展陈空间、展品体量和展陈环境的多重影响，大型展品的光线设计存在较大挑战，一方面需要满足展品本身的基本亮化需求，另一方面要保证重点展示区域有效突出，同时还要着重考虑观众的心理接受特点。"大运河展"中的光线设计理念遵从了"以展品出发"到"以观众为本"的双重原则，以"突出文物、体现恢宏磅礴的气势，给游客身临其境的感受"为设计主旨，灯光逻辑则执行"基础照明保证正常行走安全，重点照明引导游客观展动线"的基本原则，在照明手法上遵循"低色温体现文物的年代感，低环境照度提升代入感"的布置技巧，灯具的防眩设计保证了观众的观展体验不受影响。大型展品的光线设计在上述理念的基础上，配合特定的展陈空间环境，做到了进一步的合理规划：一是增设了"高密度重点照明"，实现 360° 无死角凸显展品，如汴河剖面和拦潮闸堆积的全方位照射；二是做到"重点光下照"的同时保证深度防眩，避免两侧动线对观展体验有影响，如对明清道路以及汴河剖面中完整文物的重点照射；三是照明设备与吊顶设计相契合，顶面错层照明将射灯隐藏，既避免眩光，又保证了干净宽敞的空间效果，如汴河剖面、镇江唐墓、宋代窑址等顶部射灯均隐藏在吊顶中，形成了自然舒适的整体空间区域。

　　"舟楫展"是关于中国大运河舟楫主题的多媒体互动体验展，作为一个数字化沉浸式展览，既要很多技术手段的支撑，同时为了确保观众在展览中体验沉浸的真实感又必须在设计制作中尽量去除技术痕迹，这是数字展示技术与展览内容、空间整体融合的要点和难点。

　　在"舟楫展"的深化设计中，我们对数字沉浸式展区的介入方式做了创新，将数字展项融于展线。首先，我们没有把巨幕数字展示放置于一眼可见的展厅核心位置，而是利用蓝色巨幅透明纱幕设计了充满视觉吸引力的序厅，并将前言文字装饰性地呈现在蓝色纱幕上。观众可以透过主题纱幕看到深色背景墙上以灯光烘托得运河舟楫造型浮雕（图 3-55）以及形如水波的延伸曲线，感受简洁大气的空间氛围。主题浮雕的设计灵感取自《康熙南巡图》（第六卷）运河与长江交汇口的扬州、运河古镇瓜洲、镇江金山等画面。南北间、海内外的船只在此交汇，再现了古代运河上千帆云集的盛况。

　　进入第一部分，我们设计了曲折的坡道廊桥，从古往今来近百种舟楫切入，通过与非遗大师共同制作、打造的近百艘船模，线性展示运河舟楫的演变、功能类型以及舟楫为百姓生活带来的影响。观众沿着展线，穿行于高低错落、分类陈列的大小船模（图 3-56）之中，与展品近距离交流，在舒缓的节奏中了解相互关联的船模背景知识，在历史文化的叙述中进行多媒体互动体验。我们收集珍贵史料，构建展览知识体系，将其嵌入六个多媒体互动触摸屏中，利用增强现实（AR）技术，在实体船模上数字化叠加显示船的构造、楫的用法等。这一设计帮助观众在观展过程中无意识地调节身体感知，缓解观展疲劳，增加参观体验舒适度，并在不知不觉中，

图3-56　曲折的坡道廊桥和高低错落的船模

对运河上的千帆云集和舟楫之美有初步的认知。

第二部分是实体沙飞船与数字沉浸式虚拟体验空间。步入沙飞船舱内，观众可以领略南北运河城市的代表性美食、传统戏曲等；透过船舱两侧花格窗的缝隙，可以观看以故事形式呈现的半景画式数字巨幕影片，从杭州拉开帷幕，穿过拱宸桥到了苏州盘门，一路北上，从烟花三月的江南到大雪纷飞的北京，与船工一起欣赏清代南北三段运河沿岸城市景观与市井生活的富足美满。画面还带着点真实乘船的"摇晃"感。"舟楫展"在最初的形式设计方案中就要求在沙飞船的展陈空间内由实体体验与多媒体虚拟体验构成，采取动静结合的展示手段。多媒体空间要与实体船进行联动，要确保多感官的沉浸式视听体验。通俗来说，就是站在沙飞船上看360°的环幕影片要有眩晕感、摇晃感，沙飞船仿佛真的在航行。

来到沙飞船船头甲板处，原本狭小闭塞的船内视角被椭圆形的数字巨幕瞬间打开，对比之下，强烈的空间延伸与视觉冲击扑面而来，在这里我们营造了一种豁然开朗的视觉体验。让在舱内观展中逐渐融入展项的观众被数字巨幕吸引，突然地"穿越"，沉浸在数字技术营造的虚拟世界中。在虚实结合的叙事中展览体验达到高潮，审美和价值观得以提升。

在策展时，我们会营造一些观展的"回响"。船甲板观展结束后，步入下船通道，似在码头回首再望，20米长的一艘古法制作的沙飞船全貌呈现于观众眼前，视觉的切换让观众由"虚"入"实"，重新回到以舟楫为主展品的展览实体中，回归展览的主展线。同时，在二层挑空廊道上，巨幕侧边还预设了一些观景小窗，它们既是观景台也仿佛是运河两岸民居上开的花窗，让观众可以跳出沉浸展示装置俯视数字展项的全貌，也在这一刻回望历史、感受运河周边的美好生活。在展览最后的部分，通过升帆、摇橹、撑篙、荡桨、拉纤的三维演示动画，让观众回顾舟楫中"楫"的用途。在展厅出口处我们安装了播放了沙飞船非遗技艺制作短片的显示屏，整个展览至此结束。尾厅独特的结构让观众可以从空间上进行回顾，辅之以纪录片影像资料，彰显运河舟楫的非遗文化价值，使观众留下深刻记忆。

在空间未规划好的形式设计阶段，我们设想将沙飞船复原部分和多媒体虚拟体验部分放置于展厅的外部空间，让观众一眼可见。但后期考虑到展览知识体系传达的效果，我们将舟楫知识部分调整到外部空间，让观众先在脑海中构建关于运河上舟楫的知识体系，再进入巨幕空间。在兼顾传统展陈叙事方式的前提下，我们巧妙地重构空间和展线，将数字展合理地"藏"在展线中，有序地展开叙事，既避免展览沦为技术秀，又能在传递知识的同时调动观众的注意力和情绪，让观众在参观中有层层递进的惊喜感和获得感。

不过，这样的形式设计也对施工方案提出了更高的要求。首先是如何保障巨幕画面的展示效果，才能让观众有沉浸感。为了不浪费空间，我们在此设计的是椭圆形的环幕，沙飞船处于椭圆形空间之内（图3-57）。如果用普通的球形摄像机渲染侧面，会出现较大的变形，所以需要计算弧度与直边，通过透视上的计算让空间成为一个整体，达到一种半景画式的视觉效果，观众在船头和船舱中的视觉感受既不相同又融为一体。特殊的渲染方式使得显示空间更加通透、无限延展，沙飞船反复行驶在不断延伸的运河之上，创造出平远、深远、高远的空间层次感、艺术感。

为营造出身临其境般乘坐沙飞船在运河上航行的真实体验感，我们在制作数字影片时，不仅在船头主视角与两侧半景画面渲染中增加了渐变的变形曲线，还使用了以船头为中心透视视口的画面，渐变到两侧为接近正交视口的渲染方式，确保船头具有纵深感的沉浸漫游体验，并精算建筑、人物模型的视觉比例，保持两侧半景画面能真实展现船只航行时运河两岸的视觉效果。与此同时，画

图3-57　处在椭圆形空间的沙飞船

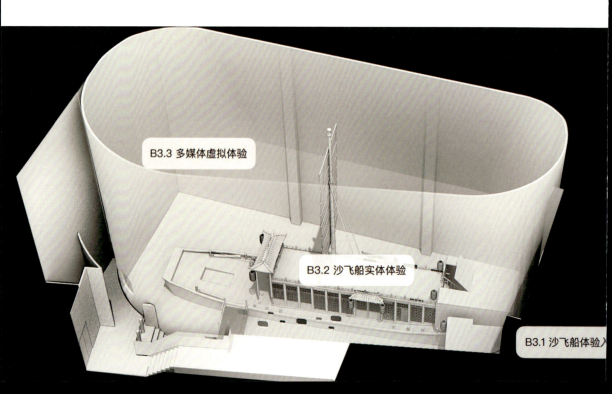

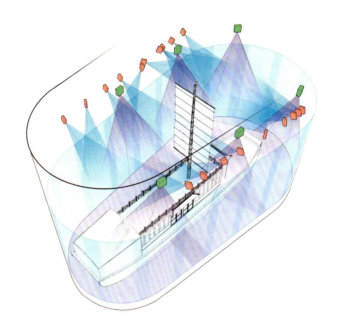

图3-58　超3个IMAX标准巨幕（分辨率18000*2656）

面中镜头的推进速度还与沙飞船的模拟航行速度相匹配，影片内的物体通过模拟力学相互作用力计算，制造身处静止实体大船上航行时轻微眩晕的效果。船头与舱内的视觉体验，既不相同又融为一体。

在硬件方面，我们在展区内构建了一圈投影有效总面积达551.7平方米的巨型环幕，环幕空间呈狭长的椭圆投影面，投影墙封板高度15米，环幕投影范围离地1米至10米，有效投影高度9米，弧长展开61.3米左右。地面是有效投影面积148平方米的水纹地幕，全部投影面积699.7平方米。上空由19台环形4K投影机和6台水面2K投影机结合，营造出超过3个IMAX标准巨幕（图3-58）的数字虚拟空间。现场大量采用合理隐藏设备和投影的超融合拼接、遮罩等技术，巧妙地去技术化处理，让观众忘记设备具象的存在，得以专心沉浸在数字艺术创造的景象中。

其次是如何避开沙飞船的巨大船帆。船帆干涉投影光路，给实现全景画面带来困难。制作公司具有自主知识产权的无缝拼接系统自带蒙版功能，方便解决光路中的障碍物，能保证完美连续的画面效果。便捷的蒙版编辑功能可在界面中勾勒出现场不需投影画面的部分（船帆），保存后即可生成遮罩。退出编辑模式后，投影画面将无须投影的部分进行抠除。结构工程师们严谨计算投影机的安装位置，在船帆的夹缝中调试出完美的投影、投射角度（图3-59）。天衣无缝的技术配合，最终呈现出最好的视觉效果（图3-60）。

形式设计不仅要考虑展览的呈现效果，也要考虑观众的安全。在沙飞船狭小的船舱内如何避免拥堵，以及在没有栏杆的情况下如何保证观众安全，成为这一部分设计中重点考虑的问题。

开馆以来，沙飞船体验区是观众非常喜爱的部分，但沙飞船的空间是有限的，上船、下船很容易引起对流和拥堵。所以在形式设计之初我们就采用了智能闸机进出口实现单向参观，控制人数，避免拥堵。通过测算，沙飞船面积58.7平方米，船上最多容纳25人，所以通过闸机保证船上最多只有25人。感应点人流检测数据会实时上传至服务器，反馈到闸机，实现智能自动开闭。这样既避免出现安全问题，也让观众有更好的体验。

没有栏杆的沙飞船如何保证观众的安全？

在保持整体沉浸观感的同时，为防止观众跌落船下，大船四周放弃使用防护栏，通过设置安全纱网，确保观众即使从船上摔下来也不会受伤。沙飞船四周的防护网装置方案，经过了数十轮讨论与修改，实验测试了十余种不同的装置以及焊接方式，最终在船的四周形成了一整片几乎肉眼看不到缝隙的投影网，投影画面透过网状结构投射到网面和地面上形成双层影像，使人感到沙飞船仿佛真的行驶在波光粼粼的水面上。投影网的承重，即使一个成年人在上缓步移动也不会损坏，从而确保人员跌落后的安全性（图3-61）。

图3-59　环幕视频调试（上）

图3-60　巨型环幕实拍（下）

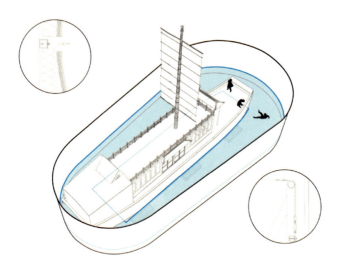

图3-61　安全纱网的实施

　　"运河街肆展"是历史景观的活态化展示，没有任何的文字叙述，展品则是复原的历史街景和建筑空间，观众和商铺也是重要的展示内容。观众走在展厅的街市中，是景中的人物，是展览的场景，也是展览的一部分。在策展之初，就确立了一条主街贯穿展厅的展线设计。为增加观展的趣味性，我们还设置了曲折展线，避免一览到底，如水巷。次要展线包含支巷，侧重体现主街两侧的纵深感，另外又对多层建筑进行立体展线设计，延伸了单体建筑的空间感。

　　城镇历史景观要素主要包括有形和无形两类。有形要素包含街巷、建筑，为了能再现历史场景，必须选取与运河相关的建筑类型和原型，在有限的展厅空间内浓缩大运河两岸传统建筑精华（图3-62、图3-63）。整个展厅依据内容设计要求，在形式设计上首要复原对象是街巷和建筑，设计的街巷空间和建筑风

图3-62　唐代洛阳城线描

图3-63　北宋汴京城线描

格须符合四个部分各自所属的时代和地域要求，我们从建筑形式、装饰元素、售卖商品等各方面体现时代特征。建筑群设计应符合高低错落、层次丰富的原则；街巷尺寸须与沿街建筑保持适宜比例；建筑单体应复原大运河沿线城镇的传统建筑风格，同时形制多样，能够区分南北特征；建筑内部的装修和展陈内容也应该与之协调，如展览中隋唐宋风格设计参考相关考古、文物、文献等资料，元明清风格设计则参考相关历史城镇、历史建筑遗存实例，保证每一处的设计都有严密的参考依据，经得起推敲。

第一部分为唐宋时期的洛阳与汴京。唐代部分街巷及建筑尺度比宋代更为宏大开阔，宋代汴京城的街道两侧商铺侵街，街道上设置的摊位与唐代洛阳城形成对比。观众参观路线以主街前行方向为主，以二层连廊空间为辅。在光照环境设计上分为日景和夜景，夜景部分通过符合时代特征的各类光源灯具等营造出灯火璀璨的夜市繁荣氛围。

宋代汴京城"遇仙正店"以及门外彩楼欢门的复原设计，则参照了《清明上河图》中的北宋建筑制式，街道两侧的商铺同样如此。

第二部分表现的是明清时期的北方运河街市。展示线路区分主次，以"北方街市"为主，"民居生活"为辅，动静结合。北方街市是该段人流行经的主要路线，在沿街商铺中配合业态（以非遗为主），如药铺、点心铺、布行、泥人铺、风筝铺、书茶馆、钱庄等。街的两端以乌头门、牌坊为界，表现热闹的街市场景。该部分以老北京为重点复原对象，传统商业街的形象、北方彩画、四合院等，均有具体的参照原型。

在次要流线中，胡同营造出静谧的传统民居空间。老北京的胡同是重要的生活场所，极具北方特色。按比例复原胡同空间，配合四合院大门的展示，让观众对"胡同文化"形成一定的视觉印象。由于展厅空间的局限，胡同进深层面的空间营造存在明显不足，为此我们在胡同结尾的墙壁上通过衔接的背景画，使空间有纵深上的延续感。

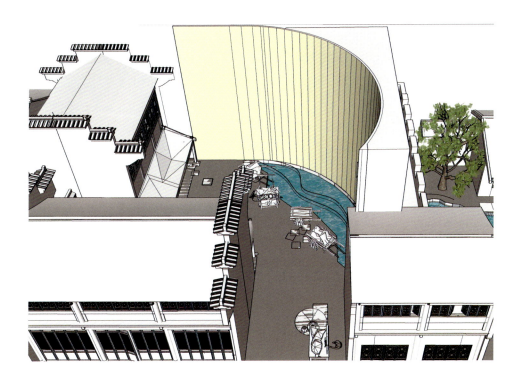

图3-64　南船北马线描

　　第三部分是明清时期的淮扬地区。建筑类型包括商铺、戏台、盐商住宅、码头构筑物等。设置观戏广场与南船北马码头两大节点，以石板街、高墙深巷连接，表达出街巷曲折多变和空间层次变化的视觉效果（图3-64）。以纵向石板街为主要展线，深巷和南船北马场景为次要展线，两条展线联系在一起形成回路。

　　戏台处的灯光可视演出情况，调节观戏广场部分的明暗。南船北马节点运用多媒体和壁画结合的手法，真实水面与视觉延伸的设计，部分节点加入叫卖声，通过声、光、电增强现实画面，营造出码头繁忙的景象。

　　第四部分是明清时期的江南地区。复原建筑符合明清时期江苏南部、浙江东部地区的建筑风格，该部分尤以滨水建筑最具地域特色。各类建筑的构造及装饰等均符合当时的地方做法，复原的整体风格与北段有所区别。该部分展厅空间呈水陆并行格局，陆路开阔、水巷紧凑（图3-65）。主要的两条纵向展线沿两路展开，分别延续上一段南北向主干道和新增的南北向水系。两条主展线间通过墙门和滨水步道进行过渡并横向联系在一起，形成回路。

　　临水区域环境表现是本部分的特色，结合滨水的构筑物、水生植物、墙面场景延伸等元素，借助灯光和多媒体投射手段，充分表现江南地区独特的环境面貌，以及晴雨天气、昼夜时间变化（图3-66）。

　　"运河街肆展"用一条主街对展厅的四个部分进行串联，如何使这四个部分在不设展板的前提下让观众分辨得清楚呢？在形式设计时，我们决定通过设置景观节点完成各段空间的过渡衔接，例如入口的船模，第一、二部分过渡用的乌头门，第二、三部分的牌楼、戏台广场，第三、四部分的码头广场、过街楼，出口的砖雕门楼等，既有运河沿岸各段特色，又可巧妙过渡，同时也是观众拍照打卡之处。

　　乌头门（图3-67）是宋代较有代表性的建筑，我们按照《营造法式》中的记载对其复原，并将其作为展厅第一、第二部分的过渡，体现运河沿岸建筑形制的演变。

　　观众穿过"安澜"的北方牌楼，就到了展厅的第三部分——淮扬运河段。这座牌楼的设计也参考了很多现存的北方牌楼（图3-68）。

　　"运河街肆展"中的建筑遗产选取以商铺、戏台、邮驿为代表的公共建筑及民居为主要表现对象。公共建筑既考虑展示又要考虑互动体验和经营，以商业建筑为主，形成贯穿展厅的商街，有利于业态经营，同时也体现了大运河商业贸易文化；其他公共建筑则优先选择能反映各段城镇历史特色的，例如戏台、邮驿、救熄会、织造署等。民居则以展示为主，分别选取南北方具有代表性的住宅及内部陈设进行展现，例如北段四合院、中段盐商住宅、南段河房等，展现南北运河沿岸不同的民居文化（图3-69）。

图3-65　陆路部分效果（上）
图3-66　展厅顶部利用多媒体技术营造天光云影变换的场景（下）

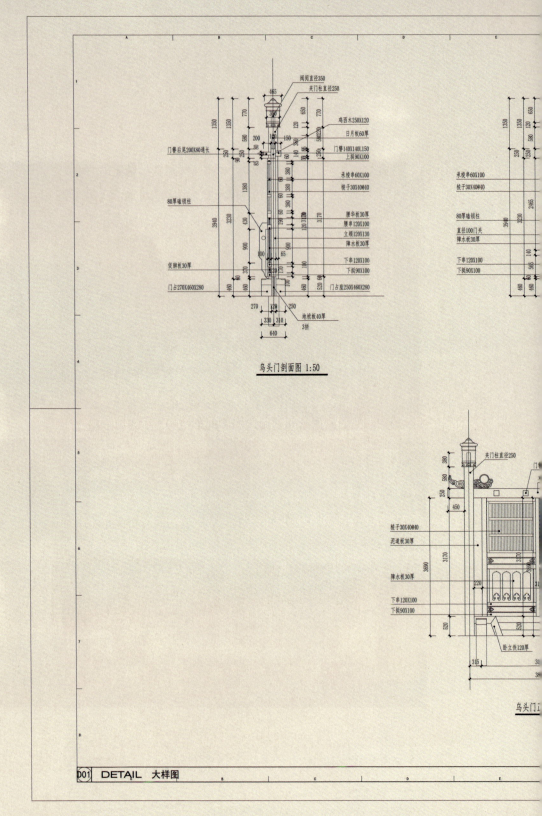

乌头门剖面图 1:50

乌头门

图3-67 乌头门设计

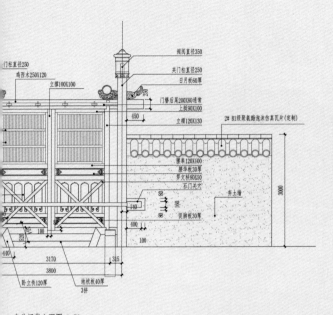

门柱直径250
鸡舌水250X120
立撑100X100

阀阄直径350
夹门柱直径250
日月板60厚
门簪后尾200X180通常
上枋90X100
立颊120X130
2# B1级聚氨酯泡沫仿真瓦片(定制)
屋串120X100
腰华板30厚
罗文枋80X50
石门关穴
夯土墙
侵脚板30厚
3000
450

3170
3800
3315
卧立伕120厚
地板板40厚
3拼

乌头门背立面图 1:50

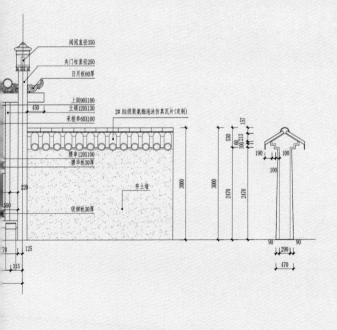

阀阄直径350
夹门柱直径250
日月板60厚
上枋90X100
立颊120X130
承绫串60X100
2# B1级聚氨酯泡沫仿真瓦片(定制)
屋串120X100
腰华板30厚
夯土墙
侵脚板30厚
3000
3000
450

157
530
60
100 213
190
100
100
2470
2470

90 90
290
470

SCALE:1/50

Cultural Development 金螳螂

苏州金螳螂文化发展股份有限公司
Gold Mantis Cultural Development Co.,Ltd
苏州工业园区金浦路9号 邮编:215000
NO. 9 Jin Pu Road,Suzhou,China
TEL:0512-68500000/ FAX:0512-66833838
24小时客服热线:400 828 6188

版权所有
施工时须以标注尺寸为准
施工单位须现场校对尺寸
如有不符须立即通知设计单位

This drawing is copyright
Contractors shall work form figured dimensions only
Contractors must check all dimensions on site
Contractors must be reported immediately to architects

中国大运河博物馆(筹)展览布展
货物采购及相关服务项目第二包
因运而生—大运河沿岸的文化生活
展陈竣工图

COOPERATIVE DESIGN 合作设计

CLIENT 建设单位
南京博物院

PROJECT No.项目编号 PROFESSIONAL 专业
南博合(2020)394号 室内设计

APPROVED BY 审定	蒋尹华	蒋尹华
VERIFIED BY 审核	蒋尹华	
CHECKED BY 校对	沈张琳	沈张琳
DESIGNED BY 设计	孙帅	
DRAWN BY 制图	倪霖	
DESIGN CHIEF 项目总设计师	蒋伟	
PRO.CHIEF 项目负责人	朱亚军	
PRO.CHIEF 专业负责人	孙帅	

KEY PLAN 索引图

REVISED RECORD 修改记录

A			
版本 REV	出图说明 DESCRIPTIONS		日期 DATE

DRAWING TITLE 图纸内容
古建A区
乌头门大样图01

DATE 出图日期   REVISION 版本
A

SHEET No. 图号
GA-08-01

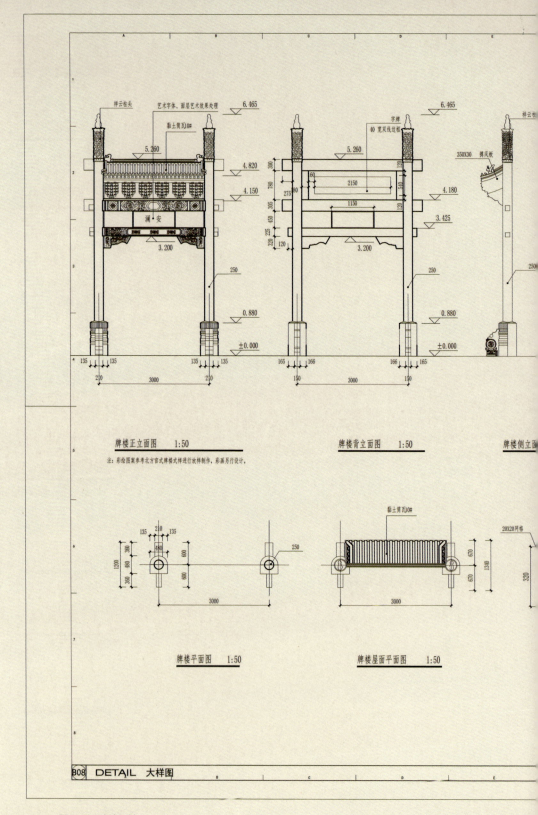

牌楼正立面图　1:50

注：彩绘图案参考北方官式牌楼式样进行放样制作，彩画另行设计。

牌楼背立面图　1:50

牌楼侧立面

牌楼平面图　1:50

牌楼屋面平面图　1:50

B08　DETAIL　大样图

图3-68　牌楼设计

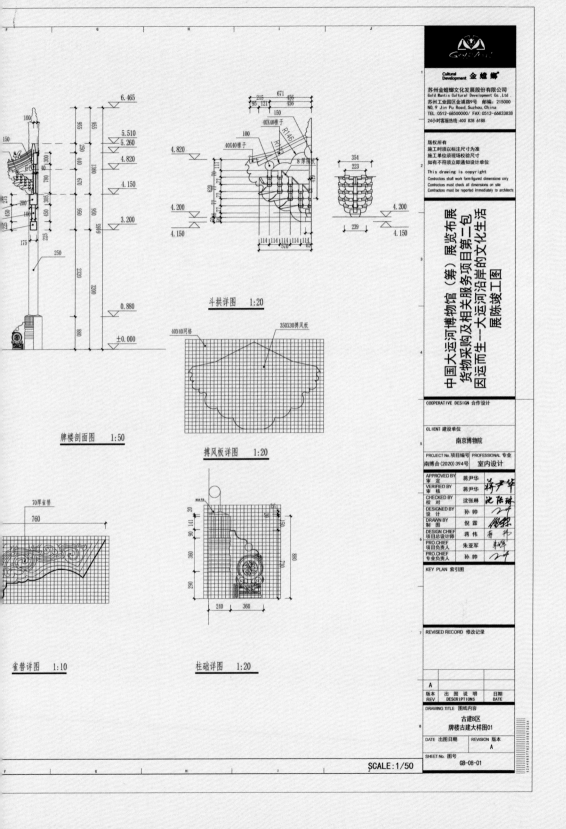

斗拱详图　1:20

搏风板详图　1:20

牌楼剖面图　1:50

雀替详图　1:10

柱础详图　1:20

Cultural Development 金螳螂

苏州金螳螂文化发展股份有限公司
Gold Mantis Cultural Development Co.,Ltd
苏州工业园区金浦路9号　邮编：215000
NO.9 Jin Pu Road, Suzhou, China
TEL：0512-68500000/ FAX：0512-66633838
24小时客服热线：400 826 6188

版权所有
施工时须以标注尺寸为准
施工单位须现场校验尺寸
如有不符须立即通知设计单位
This drawing is copyright
Contractors shall work form figured dimensions only
Contractors must check all dimensions on site
Contractors must be reported immediately to architects

中国大运河博物馆（第）展览布展
货物采购及相关服务项目第二包
因运而生——大运河沿岸的文化生活
展陈竣工图

COOPERATIVE DESIGN 合作设计

CLIENT 建设单位
南京博物院

PROJECT No.项目编号　PROFESSIONAL 专业
南博合(2020)394号　室内设计

APPROVED BY 审　定	蒋尹华	蒋尹华
VERIFIED BY 审　核	蒋尹华	
CHECKED BY 校　对	沈张琳	沈张琳
DESIGNED BY 设　计	孙帅	
DRAWN BY 制　图	倪露	
DESIGN CHIEF 项目总设计师	蒋伟	
PRO.CHIEF 项目负责人	朱亚军	
PRO.CHIEF 专业负责人	孙帅	

KEY PLAN 索引图

REVISED RECORD 修改记录

A		
版本 REV	出图说明 DESCRIPTIONS	日期 DATE

DRAWING TITLE 图纸内容
古建B区
牌楼古建大样图01

DATE 出图日期　REVISION 版本
　　　　　A

SHEET No. 图号
GB-08-01

SCALE：1/50

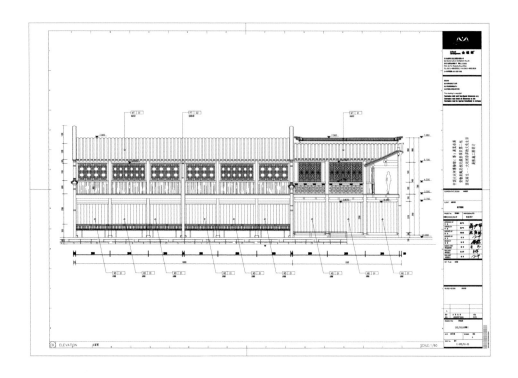

图3-69　水乡河房设计

　　为营造沉浸式体验氛围，"运河街肆展"仿古建筑以"实"为主，除四合院外，其他建筑空间均可使用；"虚"景则主要用于背景画衔接处（图3-70、图3-71）。各段建筑风格也力求反映年代及地域特色，在形制、比例、构造、尺寸、材料、色彩上均有所区分。

　　为了让展览更具真实性，"运河街肆展"非常关注环境模拟，观众可在展厅的方寸之间感受日夜、天气的自然变化。我们在西段宋代汴京城里设置了夜市，而中段则使用多媒体技术呈现了南船北马的运河码头场景，南段水乡则设置了江南烟雨，部分天幕使用 LED 技术，40 分钟循环一次，模拟一天 24 小时的光

图3-70　第四部分背景壁画线描

油紙傘

茶

图3-71　街接处背景壁画实拍

影变化（图3-72）。在南段水巷中既能感受晨曦初露、鸟鸣蛙叫，也能感受电闪雷鸣，同时模拟雨水淅淅沥沥地顺着房檐滴进门前小河里（图3-73）；每个部分都使用音效呈现自然、社会的背景声。考虑到后期展陈更新，我们在展览设计中预留了临展空间和展演空间，后续也会在这里不断丰富展览的内容。无论是汴京夜市还是江南烟雨抑或是昼夜变换的场景，都折射出运河带来的美好生活，观众在此可以体会到一种满满的幸福感。背景音乐给人一种岁月静好的时光流逝感，这种如临运河生活之境的体验，比长篇大论的文字更有说服力，更能传达了我们的展览主题。

城镇历史景观的无形要素大多通过业态表现。我们在形式设计时主要从经营、展示和互动体验三个方面考虑，业态商品需突出运河特色，以茶、丝、瓷、粮、竹等为代表，以非遗项目、老字号优先。我们对展厅的业态引入也进行了合理性把关，比如引入的各类非遗，均符合时空、地域特色，通过售卖非遗产品和开展非遗活动，展现非遗技艺。让观众参与互动体验，也是"运河街肆展"要达到的展览目标。

"运河街肆展"吸取了南博民国馆的经验，考虑后期面临的招商入驻、管理运营压力等情况，首先考虑业态展示，在此基础上兼顾后期经营的可能。基于此，业态大致可分为四类：第一类纯展示，体现各段运河沿岸地区的历史特色，例如西段的洛阳宫灯、唐风宴饮、宋代茶酒及小吃，北段的钱庄、药铺，中段的当铺、盐商宅内陈设（图3-74），南段的江南土灶和"十里红妆"等；第二类业态兼顾展示和互动，例如古装服饰体验（图3-75）、雕版年画、皮影、彩灯、香粉、织绣、粮、伞、扇、梳等，互动体验包括项目展演、工艺展示和观众参与；第三类业态兼顾展示和经营，例如瓷器、玉器、漆器、紫砂、竹（草、藤）编、风筝扎制（图3-76）等手工艺制品和邮驿商品，第二、三类业态在后期根据情况招商经营；第四类为经营类业态，优先考虑必要性，为观众提供休憩场所，例如点心铺、茶馆等（图3-77）。

图3-72　天幕效果

图3-73　模拟雨水

■ C03 - 盐商住宅（一层）

图3-74   盐商住宅室内陈设设计

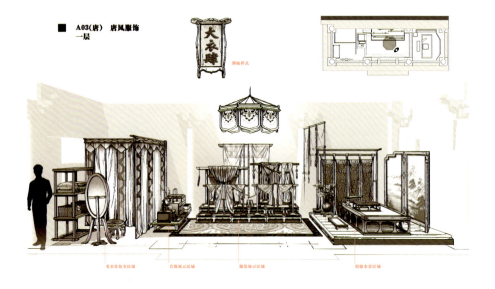

图3-75   古装服饰设计

图3-76　风筝铺设计

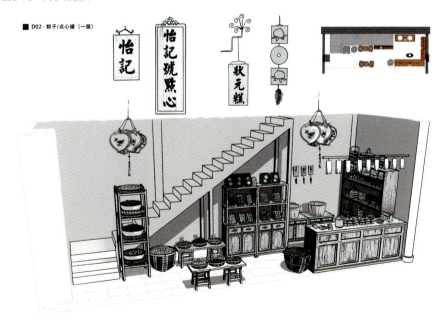

图3-77　点心铺设计

为增加展览的真实感和趣味性，我们还设计了游戏、展演和文创产品，例如正店投壶游戏、戏台和书茶馆曲艺、米行传统售卖方式等，各类业态均可考虑开发经营相关文创产品。

最终呈现出的"运河街肆展"宛如实境，但在展览设计实施过程中遇到了不少困难。复原历史场景的展览设计对消防安全要求非常高，尤其是展厅内部街巷和仿古建筑设计更需考虑消防安全，符合相关规范。不能超过展厅建筑荷载设计。这也为我们后期展览实施中的一些变更埋下伏笔。

虽然展厅都是定制的，但还是有需要克服的不足之处，为此我们专门召开形式设计方案交流会，商讨解决方案。首先是 0.7 米 ×0.7 米的结构柱，为了隐藏结构柱，我们通过展陈平面布局将结构柱藏在二层建筑或隔墙内；其次是展厅中部的疏散通道将展厅分成两个部分，影响了"主街"的连贯性，我们就在此处设计了节点空间，将其打造为底层架空可通行的传统戏台及广场，既解决了疏散问题，又整合了展厅空间。针对层高问题，吸取了南博民国馆的经验，在展厅建筑设计阶段提出增加层高的要求。建成后，天花吊顶净高达 8.8 米，总体满足了布展条件。

"运河街肆展"这类历史景观再现展览是倍受观众喜爱的展览模式，走进"运河街肆展"，唐宋风华、京师闹市、南船北马要冲、江南烟雨水巷尽收眼底；建筑风格从中原、京津到江淮、江南，四个地域城镇村落的街巷空间串联，观众置身其中参与感非常强，开馆后该展厅也一直是中运博的网红打卡点，但它也有很多特殊性，并不是每一个场馆都能复刻，有很多需要提前预设的部分。

首先，这类展览成本高，复原建设城市历史场景通常属于基本陈设，需要搭建真实可用的建筑空间，要考虑仿古建筑对展厅建筑结构的影响，满足疏散等消防规范，还要进行二次机电设计，过程非常复杂。

其次，对展厅建筑空间要求高，虽然室内仿古建筑与实际建筑尺寸有差，但是对层高的要求已远远超过普通博物馆的设计值，在"运河街肆展"的定制化空间中也不能完全实现展陈的理想要求。建筑结构柱也是一个大问题，在无法去除的情况下会增加展陈设计难度，对展陈效果有不利影响。如有可能，应在博物馆设计过程中充分考虑此类展厅的层高和柱网尺寸。

再次，策展涉及多部门合作，在实践中除古建所策展团队外，参与的部门还有征集部、非遗所、文创部等；同时也涉及多专业的合作，除展陈设计外还包括古建筑、室内陈设、非遗等专业领域。在这类展览中不建议使用雕塑人像，对多媒体技术手段也需保持克制，但建议尝试多元化展陈和合理使用先进技术手段。

最后，此类展览属于裸展，展品征集及仿制应进行预判，既要考虑展品安全，也要设法满足观众互动体验时的使用要求。开展后的管理运营对博物馆也是的极大挑战，展览后期的持续维护会面临各种问题，如何保持展陈设计的初心、延续升级展陈理念都是对管理运营团队的考验。

"运河街肆展"策划之初，考虑到后期工作时间紧迫，我们在撰写展览大纲阶段便根据展厅建筑构造情况绘制了街巷以及建筑分布的设计图纸，针对展厅的层高、河道降板、柱网向设计单位提出要求。招投标后，展陈公司基本是在策展团队设计图的基础上进行深化完善。不过最初的设想也发生了很多变化，这主要因为展厅面积缩小，原定4000平方米的展厅最终只有3100平方米，因此有一些遗产要素被删减，部分建筑空间被取消。而且为了隐藏结构柱，需尽量把柱子包进建筑、墙体内，对方案的平面设计也做了多次微调。同样，为了达到更好的展览效果，南段的LED屏从最初的250平方米扩至650平方米，使得天幕影片呈现更加整体化。展厅中"安澜"牌楼原是对称设计的，两个立面都有斗栱，但是悬挑的屋面和防火卷帘发生了冲突，因此只能改成阴阳牌楼，一面用北方的牌楼立面，一面用南方的牌楼立面，这种变更既协调了各段的空间特征，也解决了消防问题[（图3-78a、图3-78b）、图3-79]。

中运博三个基本陈列风格鲜明、各具特色，既有传统历史叙事展览的学术严谨性，又有数字技术带来的沉浸式体验，还有历史景观再现的古今穿越感。新时代信息社会中成长起来的新一代博物馆受众获取知识信息的习惯发生了根本改变，数字

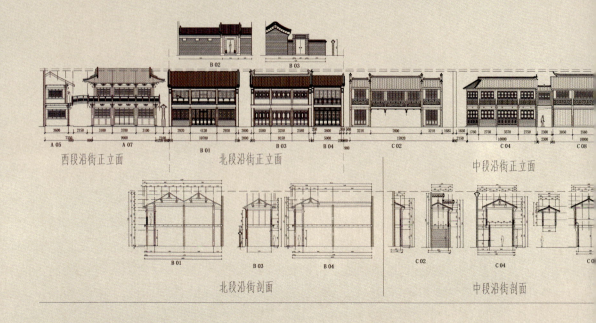

B 02　　　　　B 03

3600	2150	3100	3700	3100		2920	4120	2920	2000	2580	3250	2580	3800		3218	7800	3218	1685	1630	1760	2750	3370	2750	2300	3050	2560

9900　　　　10700　　　　2000　　　9150　　　5000　　　15920　　　　2150　　　　10800　　　　10000

A 05　　A 07　　　　B 01　　　　B 03　　　B 04　　　C 02　　　　C 04　　　C 08

西段沿街正立面　　　　北段沿街正立面　　　　　　　　　　中段沿街正立面

B 01　　　B 03　　　B 04　　　C 02　　C 04　　C 0

北段沿街剖面　　　　　　　中段沿街剖面

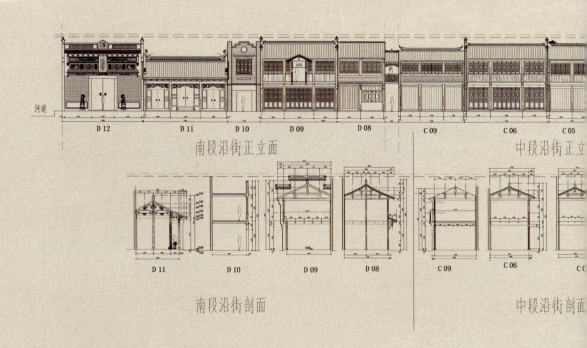

河道

D 12　　　D 11　　D 10　　D 09　　　D 08　　C 09　　C 06　　C 05

南段沿街正立面　　　　　　　　　中段沿街正立

D 11　　D 10　　　D 09　　　D 08　　C 09　　C 06　　C 0

南段沿街剖面　　　　　　　　中段沿街剖面

图3-78a　部分古建设计图

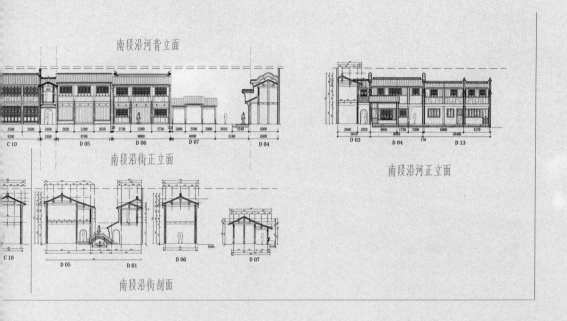

南段沿河背立面

南段沿河正立面

南段沿街正立面

南段沿街剖面

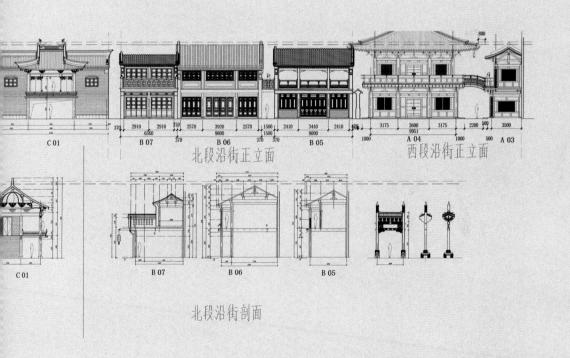

北段沿街正立面

西段沿街正立面

北段沿街剖面

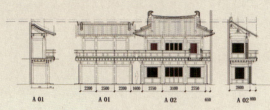

西段沿街正立面

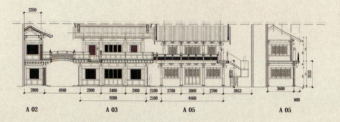

A 02　　　　　A 03　　　　　A 05　　　　　A 05

西段沿街正立面

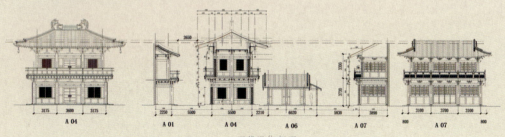

A 04　　　　　A 01　　　A 04　　　A 06　　　A 07　　　A 07

西段沿街断面

西段沿街一层建筑　A 06

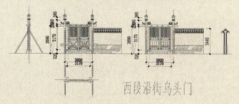

西段沿街乌头门

图3-78b　部分古建设计图

图3-79　牌楼设计之初南面形象

信息技术工具是他们感知世界的基本手段，数字技术成为美好生活不可或缺的一部分。沉浸式数字展览在博物馆界正广泛被应用，且所占的比重逐年攀升。博物馆作为保护和传承人类文明的重要载体，随着数字技术的应用普及和观众行为方式的变化，在数字化建设方面不断深入探索成了新形势下博物馆发展的关键。数字化手段可以激活馆藏资源，为博物馆更好地诠释传统文化的创新发展提供了新的方向。

　　数字技术是中运博基本陈列的重要辅助手段，但我们在数字技术的运用上，一直保持冷静克制的态度，一切为了更好地传达展览内容，契合"流动的文化 美好的生活"展览定位。遵循"内容＋科技"的策展理念，中运博让文物讲述自己的故事，提高文化传播效率，创新文物保护利用和文化遗产保护传承方式，具象阐释大运河文化中蕴含的中国传统文化基因，提供优质数字文化体验。我们也希望中运博在数字化技术应用方面的探索为博物馆数字化转型提供一些经验，为博物馆展览内容与数字技术高度融合提供借鉴，为"零藏品"博物馆建设提供帮助。

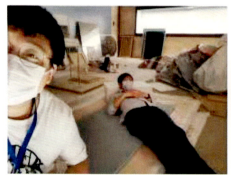 

图3-80　布展场景

（三）全过程管理的展览实施

　　展览落地的过程也充满挑战。首先，"大运河展"的布展时间相当紧张，原定为 6 月下旬开馆，布展时间约 1 个月，后提前到 6 月 16 日，布展时间进一步压缩。布展开始时，展厅装修仍未完成，现场布展环境比较混乱，而这个厅的展品数量又是基本陈列中最多的，布展过程中展品提取手续复杂，现场点交包装耗时耗力，但不可有一分马虎。文物存于扬州海关库房，布展期间需提前梳理好文物提取清单，由各部门层层审批，现场逐一核对，填表，签字，点数，打包，押运，到展厅需清场、再次点数、进柜。当时只有 22 天的布展时间，为了赶进度，参与布展的 12 位同事，简餐快食、席地而憩、夜以继日、通宵达旦布展已是寻常之事（图 3-80）。

　　"舟楫展"布展过程一开始，我们对船模制作也有很多不满意之处，比如隋炀帝的龙舟、杂技船、灯舫等制作技艺复杂的船难以达到预期效果（图3-81），不过我们与制作公司进行了多次协商修改。尤其是灯舫制作时间紧、工期赶，两次调整我们都不满意，坚持要将船上的细节部分比如灯笼上的花纹刻画出来。功夫不负有心人，最终船模的呈现都达到了预期（图3-82）。

　　回顾整个展览的制作过程，"大运河展"将不可移动文物搬进展厅，是新的展览探索，这个过程中我们绞尽脑汁、想尽办法，最终的呈现效果也不错。但仍有三方面的遗憾：一是文本内容覆盖面广但仍有部分过于简单；二是展陈形式手段多样却存在互动不足；三是文物展品种类较多而精品较少。

　　文本内容方面，"大运河展"的根本宗旨在于契合中运博展览的整体设计需求，即全流域、全时段、全方位展示中国大运河的世界文化遗产价值。"全流域、全时段、全方位"展示的实现，在于时间和空间、广度和深度的多维角度充分考虑。大运河时间跨度2500多年，空间涵盖3200公里，时空流转、信息浩瀚。全流域，未能各地面面俱到，由于我们对掌握的江苏省内的资料更有信心，因此各单元尽量以江苏段的内容为主，最大不足在于对浙东运河着墨太少；全时段，大运河有2500多年的历史，截取肇始、贯通、顶峰，以重要时间节点串联整个时段，主要受限于单元设计，历史沿革体量庞大，节点化展示更便于设计展示和强化记忆；全方位，大运河带来的美好生活是策展的基本导向，大运河在诸多方位的积极作用得以归纳展示，政治、经济、文化作为主体功能性指标成为独立单元，大运河的负面影响并没有被提及，全方位是美好的全方位。

　　展陈形式方面，虽以文本内容为根本，但设计团队与策展团队因专业背景不同，形式设计从文本内容中提取的关键信息很难完美契合策展的初衷，团队间不断交流沟通、碰撞妥协，力争达到形式和内容的最终平衡；与此同时，展厅空间构造的不可抗力为平衡点的实现规定了上限，最终只能在"框架"内妥协。遗憾点在于，文本内容的编写，与展陈公司的对接，对文物展品的挑选，都没能在完整时间段内开展，

图3-81　改造前灯舫实拍

断续的工作状态影响了展陈的最终呈现。文本内容的文字、图片信息体量比例大，辅以模型、沙盘等艺术品，展陈效果仍以传统历史展为参考，数字化信息较弱，互动体验未能占有一席之地。另外，数字媒体的使用较为有限，科技感略显不足。

文物展品方面，从零到有，来源渠道多样，但仍有提升空间。由征集部负责的文物征集工作持续至开馆前夕，最终征集到1万余件（套）展品，征集品纷繁复杂，与文本内容呼应强烈的莫过于历史沿革部分，可容纳各类文物。第二部分水利工程，可对应的展品相对较少，运河本体工程活化遭遇的挑战最为明显，尤其是水利工程的展示部分，很难全面进行实物展示。比如埽工，这是我国独创的一种用于护岸、堵口和筑堤等工程的水工构件，一般用苇、秸和土石分层捆束制成，放置在河岸指定位置，并用桩、绳固定。2009年淮安市清口枢纽顺黄坝遗址发掘时，曾发现埽工遗迹。原本我们计划从勘察过程中发现的几处埽工遗迹点中选取部分段落整体提取作为实物展示，但因不便进行考古发

图3-82 升级改造后的灯舫实拍

掘，只能遗憾地采用线图、动画、模型的方式进行介绍。同时考古所从南博馆藏中筛选出的考古发掘品，与运河有着密切联系、有具体出土地点和科学获取背景的考古出土品，成为展览中较为坚实的基础藏品。另有来自各省市的大型出土文物展品，为展览增加了"分量"。"分量"的承担，离不开"朋友圈"的强大，省内外兄弟单位的大力支持，让"大运河展"有了多处亮点。但精品文物可遇不可求，展品整体质量上仍有较大提升空间。

　　"运河街肆展"的遗憾主要有四个方面：第一是受展厅面积、高度、结构柱影响，策展内容没有办法完整呈现。例如西段唐宋建筑体量和街景压缩较多，二层庑殿顶、歇山顶无法完全呈现。另外由于该段唐风建筑尺寸较大，但展厅面积有限，我们不得多次推敲尺寸，力图最大限度把握和利用空间尺寸。北段展陈大纲里设想的临清钞关及大街，均被删除，北京四合院也只展示了门头，未能完成展示利用一进院落的想法。第二是受消防影响，二层暂时没有办法对外开放，观众不能全面立体地感受展示空间。第三是受展陈公司古建专业知识不足以及施工时间短的影响，古建构造中存在一些错漏。古代建筑形制特点，也无法满足现行设计规范。第四，十里红妆展览因建筑面积有限，加上考虑人流疏散，后期展览只能另外更换空间。

但总体而言，中运博展览的实施效果基本符合内容设计和形式设计的预期，开展后观众反响也不错，建设、展览和运营谋划体现了高质量文旅融合发展的定位要求。在建设、策划和布展过程中，我们既从弘扬运河文化出发，明确发展目标、调整内部空间、完善展览策划、营造文化环境、强化公众服务，让公共文化服务发挥最大社会效能，又从游客体验出发，注重旅游氛围、提升服务设施、增强展览体验、营造时尚环境、增设互动项目。

为什么能达到这样的效果呢？这离不开我们的全过程管理模式——从策划阶段到设计阶段再到施工阶段最后到布展阶段，甚至是开馆之后的运营阶段，我们是全过程参与的。全过程管理，是为了最优的效果呈现。在借鉴他馆设计施工布展经验的基础上，中运博在整个展览实施过程中，坚持"一个核心""四个同步"，牢抓"四大环节"，最终为观众呈现一场满意的展览。

（四）一个核心

什么才是唯一的核心？

建好中运博、办好中运博的常设展览，对于每一个参与其中的策展人来说，都是人生难得的一次机会。成立这一支专业能力强、业务素质过硬的策展团队，是中运博优质常设展览的人才保证。中运博全过程管理，是围绕策展团队的这个核心展开的，从展陈空间的"量身定制"到征集契合展览的展品；从打造符合中运博展览定位的内容诠释到精准传达展览定位的形式设计，每一步策展团队都精心筹划。中运博在策展时对形式设计、技术实施方案采取边落实边修改直至获得认可的原则，即最终效果要以策展团队的认可为准则。

"以策展团队为核心"的原则，对于整个展览效果的把控、展览进度的跟踪是非常有效的。在文本基本定稿后，我们对内容、形式和展品三者不停地进行核对，方案也会进行合理性调整，在布展期间，策展人现场负责，各部分负责人分工负责，齐心协力，统一调配，保证展览顺利推进。"大运河展"在布展期间，柜内展板一开始采用的是贴膜形式，但整体效果并不理想，为了精益求精，我们做了一些调整，改选丝网印加铝板的形式。一些不便于调整的表格类展板，虽然保留了贴膜，但都做了凸起处理。在"运河街肆展"中，从展览效果的角度入手，我们参与到展览的后期工作中并提供专业咨询服务。例如在展览方案深化过程中提供专业的建议，在展览实施过程中协调各工作负责人，解决突发的问题，确保布展工作顺利推进。另外，展厅部分施工工作涉及的征集展品也由我们负责，例如为了效果真实，我们征集了一些铺地石材、古建筑构件以及家具，它们进场的时间需要严格把控，确保展品安全。"运河街肆展"的展厅是活态的，引入了大量业态经营项目，我们和非遗、文创团队合作，遴选合适的项目，布置在合适的空间，初期业态工作人员及场景布置都由古建部监管，确保布置的合理性。

从展陈公司入场施工布展开始，我们要求的是一周进行一次工作进度汇报，但在开馆前一个月，为了赶进度、抓质量，要求展陈公司对工作进度一日一汇报，这种改变，为中运博如期的高质量开放运营保驾护航。

中运博场馆建设和展览策划同步进行的特点，也便于策展人对施工现场进行考察，这能更好传达内容的形式设计，有利于建造出更贴近展览形式的空间，是全过程管理的表现之一。

（五）四个同步

在建设之初，中运博就受到各级领导的关心和帮助，他们及时给予指导、协调，使中运博获得了很高的关注度，这也鞭策中运博的工期不能有偏差，每一步都要如期进行，确保按时开馆。为此，中运博创新性地提出了"四个同步"，即展览策划和建筑设计同步、展馆建设和展品征集同步、运营实施与安防消防工作同步、展览组织与运营保障同步，全力推进展厅的装饰施工与展览布展。

中运博展览布展项目由上级交办，定位高、时间紧、任务重、要求严，特别是展览设计方案及施工图纸需要不断深化调整，无法较早地一次性定稿并报审，这给布展工作进度带来了难题。但方法总比困难多，我们采取展览布展设计深化及施工图纸设计、展览布展施工、安监与质监专人业务全程跟踪指导的多步并行推进方式，即边深化、边设计、边施工、边监督，这有效确保了展览布展工作能够安全、稳步、高效推进。我们在土建阶段就积极与西北设计研究院沟通，告知其博物馆对场馆建设中的具体细节要求，如展馆及库房恒温恒湿系统需求、考古工作站和办公楼层的内部空间分配与功能需求方案以及相关设计变更事宜等。

这样的全过程管理，便于我们直接对接建筑设计方，在建筑设计阶段就按照展览要求设计，规划更合理的展陈空间和场馆功能需求以及相应的消防安防设施配置情况。中运博的建设方、设计方、施工方、策展方（使用方）、布展方和监理方通力合作，都以高度的文化自觉互相帮助、互相体谅，在极短的时间内和谐运作，使中运博的建设、展览、验收、运营取得了事半功倍的效果。策展团队本着边深化边施工的主要原则，不仅要把控展览设计、施工质量，还要全程多方协调推进，与监理方积极沟通，保证进场施工依法依规。策展团队的全过程管理，在对工程进度、质量以及展览效果的严格把控下，确保预期展览目标实现，不负期待。

（六）三大创新

从"一个核心"落实到"四个同步"，最考验的是策划阶段、设计阶段、施工阶段、布展阶段和运营阶段的环环相扣。为此，我们不断想出破解招式。

正是由于全程参与，我们创新了"中运博式招标方式"。中运博建设时间极为紧张，必须打破先形式设计招标，接着初步设计、深化设计、绘制图纸、编定清单，最后施工招标的行业惯例，寻求既符合法律规范，又满足布展特殊要求，同时节省时间的采购方式。经与采购代理机构共同商讨，将多个展览分为三个标段，采取 EPC 模式分两阶段进行货物及服务类项目招标。第一阶段资格预审，评审投标方过往业绩、专业能力、商务资质、形式设计初步方案等，确定入围的投标方。第二阶段正式招标，评审入围投标方的形式设计深化和实施方案，确定中标方。该方式的优势在于，一方面鼓励投标方竭尽所能拿出"看家本领"参与投标，因为只有入围第一阶段才能参与第二阶段，第二阶段也需要全力以赴才有可能成为中标方，这也便于我们选择最优的展陈方案；另一方面解决了因设计方和施工方站在各自立场导致设计和施工脱节的老大难问题，相互推卸责任、调整变更不断的现象大幅减少。此外，对于中运博而言，其间沟通与磨合相对顺畅，提高了管理效率，节省大量时间。

正是由于全程参与，我们创建了"中运博式专家库"。中运博展览涉及陈列展览制作、文化遗产保护、水利文化研究、考古及文物保护等细分领域，涵盖面广，专业性强。鉴于省政府采购平台专家库暂无拥有国家级博物馆展览项目评审能力的专家，我们通过江苏省大运河文化带建设工作领导小组向省政府建议，请省财政厅支持增设"博物馆展览政府采购评标专家库"。设立专家库的初衷是服务中运博布展评标，从长远考虑，这也为今后全省博物馆行业建立了一套完备的专业评审专家资源体系，使博物馆各类业务领域的招投标工作更加科学、规范、高效。

该专家库集合了当今国内博物馆运营管理高层次专家，既包括国家级、省级博物馆管理者，也包括策划实施国家一级博物馆、大型专题博物馆展览项目的策展人，以及业界公认理论基础深厚和实践经验丰富的学者。经江苏省文化和旅游厅同意，中运博布展项目招投标自行选定评审专家。资格预审、正式招标阶段分别在上述自设专家库中抽取五名专家，南博财务部门负责具体组织协调和制定抽取方案，将专家库内所有专家分为三个批次：大运河沿线省级博物馆馆长和高校博物馆学教授为第一批次，非大运河沿线省级博物馆馆长为第二批次，除上述两批次专家之外的其他专家为第三批次。提前三天按批次随机抽取、现场联系、纪检监督、全程摄像存档并做好保密工作。第一批次联系完毕，专家人数未满足要求的，再依次从第二、第三批次中抽出，直至满足数量要求。

正是由于全程参与，我们创新提出了"中运博式三条承诺"。为全方位把控项目质量及进度，减少非必要的磨合过程，我们要求中标方承诺：一是对形式设计、技术实施方案边落实边修改，直至获得认可；二是因布展现场实际需要提出的新想法新方案要遵照执行，相关费用纳入总盘并以第三方结算审核为准；三是从文物安全和展示效果考虑，配合对展柜、照明等主要货物品牌进行比选，样品封存作为验收的实物标准。这三条承诺在很大程度上为项目顺利开展提供了保障。

因運而生

Born Because of
the China Grand Canal

观 展

一场文旅融合的多元体验

600 个昼夜，斗转星移。从零开始的中运博完成了场馆建设和展陈布置，2021 年 6 月 16 日，在大运河国家文化公园内以鲜明的新唐式建筑风格靓丽呈现，我们正式开馆迎客！作为国家文化公园重要构成部分的中国大运河博物馆，既要展示大运河作为文物保护单位和世界文化遗产的价值内涵、保护传承的意义和教育作用，又要展现大运河文化带和国家文化公园建设能给人民群众带来更美好的生活；既要发挥在传承运河文明、讲好运河故事、传播运河文化中的积极作用，又要致力于用运河文化带动沿岸地区相互沟通、交流、融合、发展。

这是怎样的一场体验？

当设计、施工、布展开始收尾，策展人的工作基本完结，种子在地下蓄力已满，只为破土迎接曙光，展览真正传递价值的时刻是面向观众开放的那一刻。时至今日，那些与观众共同走过的日子，值得我们好好回顾。

一、立体的宣传矩阵

酒香也怕巷子深。

如何让更多的人能品尝到中运博这杯美酒？我们下了些功夫。

（一）开展前

在《新华日报》、博物馆头条微信公众号、扬州文旅微信公众号、南京博物院微信公众号等平台上提前预热。其中，《新华日报》进行了题为"扬州中国大运河博物馆开馆进入倒计时，运河精彩浓缩在这里"的整版报道。中运博官方网站、官方微信公众号在6月1日前后正式上线。中运博官网基于线下实体展厅与实物藏品，结合互联网技术，对中国大运河及其历史文化进行介绍、说明和可视化呈现。中运博官方微信公众号集参观、预约、资讯于一体，围绕中运博及展览的建设，解答观众的一系列疑问，不仅为中运博开馆提前预热，同时也为其他媒体提供报道素材，形成宣传持续升温的趋势。

开馆前三天，微博话题"中国大运河的百科全书""扬州中国大运河博物馆开馆""扬州中国大运河博物馆建成开馆""万余件展品带你领略千年运河前世今生"的总阅读量达490.9万人次，网民积极参与相关话题的讨论，表达了对开馆的赞许、向往之情。

（二）开展后

中运博进行了全方位、多角度、立体矩阵式宣传报道。《新闻联播》《人民日报》、

《光明日报》、《新华日报》、学习强国等官方主流媒体进行了报道，中运博官方网站、微博、微信公众号等也进行了宣传，还通过微信视频号、哔哩哔哩、抖音等平台进行推广。新华网舆情数据监测系统分析显示，6月16—18日，互联网中共有8105篇相关报道，其中新闻类最多，占37.16%；其次是微博类，占35.13%。融媒体、自媒体的传播也突显了中运博"网红打卡点"的特质，吸引更多的公众走进中运博。

（三）组合拳

开展以来，中运博通过线上线下多维度、多角度、多层级的宣传引流，打造优质特色内容，融合主流媒体力量，提升自媒体活跃度，实现了媒体聚焦和公众关注的"双赢"。

中央媒体：《新闻联播》、央广网、《新华每日电讯》、《人民日报》、《光明日报》、学习强国等中央媒体都对"扬州中国大运河博物馆建成开放"进行了专题报道（图4-1）。

图4-1　《新闻联播》报道

省级媒体：江苏新闻、江苏网、《新华日报》则以专题报道的形式"重磅"呈现（图4-2）。

图4-2　《新华日报》专题报道

新华社、新华网、人民网、央视新闻、学习强国、中国江苏网等媒体对活动相关内容进行了传播报道，形成了逐级推进、层层覆盖的良好传播态势（图4-3）。

图4-3　文章传播数据　　　　　　　　　　截至目前为止，该文章在互联网上传播总量为507篇，共有506个媒体参与传播。

官方媒体："中国大运河博物馆网站"定位为面向一般大众的公共服务平台，是大众了解大运河的门户。平台除了线上展示中国大运河博物馆展厅、典藏、遗产百科，还通过文化研究、影像叙事与空间叙事对大运河遗产点、沿线历史建筑、城镇空间及与大运河相关的物质与非物质文化遗产要素进行主题性的虚拟再现、展示和互动（图4-4）。

图4-4   中国大运河博物馆官网界面

中运博官方微信公众号是集参观、预约、资讯于一体的便携式线上发布平台。在开馆前期，围绕大运河博物馆的建设，解答观众一系列疑问，开馆后期，中运博通过微信平台进行深度、系列宣传，持续发力。

2021年9月22日推送的一则中国大运河博物馆即将恢复开放的公告有近4万人次的阅读量，《重磅 | 中国大运河博物馆盛大开放》，《新展预告 | 观妙入真——永乐宫的传世之美》达2.7万人次的阅读量。截至2022年9月30日，中运博官方微信公众号累计关注人数达71.5万人次，总阅读量达230万人次，如表4-1所示。

表 4-1　微信阅读数据

内容标题	发表时间	总阅读人数	总阅读次数
中国大运河博物馆志愿者招募	2021-06-23	44645	54234
招聘｜中国大运河博物馆公开招聘啦！	2021-07-07	16267	24024
公告｜关于调整中运博预约进馆核销方式的说明与"运河迷踪"预约指南	2021-07-21	18366	25130
总结｜中国大运河博物馆开馆一个月啦！	2021-07-21	21095	24594
中国大运河博物馆临时闭馆公告	2022-03-12	31240	36146
志愿者招募｜欢迎加入"中运博"大家庭	2022-04-13	29959	34780
中运博一周年馆庆系列活动｜快来参加小运的生日 Party 吧	2022-06-15	15666	20247
重磅｜中国大运河博物馆盛大开放	2021-06-16	21192	27210
文明观展｜参观中运博的正确指南，请查收！	2022-08-17	20804	23527
游戏型教育｜大明都水监之运河迷踪最强攻略	2022-08-10	17351	20941
重要公告｜中国大运河博物馆参观指南及预约平台声明	2022-08-03	16095	20514
新展预告｜观妙入真——永乐宫的传世之美	2022-09-21	21853	27159

　　新媒体：江苏微旅游微信公众号、扬州日报微信公众号、微信微视视频、哔哩哔哩弹幕网、抖音视频等也对扬州中国大运河博物馆进行立体式宣传。

　　江苏省文化和旅游厅官方抖音账号"水韵江苏"发布的宣传视频中，"凡有运河处，尽向此中来！扬州中国大运河博物馆今日正式开馆，上万件藏品等你来打卡！＃抖说运河家乡美"获赞量为 4698，评论数量为 41，分享量为 45；"苍茫一水连湾碧，6.16 梦回千年～扬州中国大运河博物馆即将开放！＃抖说运河家乡美"获赞量达 2378，评论数量为 47，分享量为 118（图 4-5）。

图4-5　水韵江苏宣传视频

　　开馆以来，中运博通过线上线下多维度、多角度的宣传引流，打造优质特色内容，借助主流媒体力量，提升自媒体活跃度，构筑集网络媒体、传统媒体、新媒体为一体的立体宣传矩阵。媒体报道达 86.75 万条，其中新闻类占 37.16%，微博类占 35.13%；发布原创视频 297 条，其中官方微信平台发布 126 条，官方微信公众号的总阅读量达 62.1 万人次。优质的传播使得中运博实现媒体聚焦和公众关注的"双赢"。

　　好的展览借力立体宣传矩阵，获得了颇为可观的游客参观量。自 2021 年 6 月 16 日开馆，截至 2022 年 2 月 28 日，排除因为疫情闭馆的近两个月时间，中运博总人流量近 111 万。

二、策展预期和观众反馈

　　中运博自开馆以来，被很多媒体、观众称为"网红博物馆"，这是时代赋予的新变化，也是博物馆越来越走近观众的表现。正如中运博馆长郑晶所言：博物馆的发展应注重特色和多样性，不能完全以文物为最基本的生产材料来发展，而应将博物馆融入社会发展中，以多元的展示手段满足观众多样性的参观需求。

　　现在的展览形式设计过程中策展人都会不自觉地形成一种预留打卡拍照点的习惯，这不仅得益于手机镜头的高清、自媒体的发达，还在于我们更加注重观众"览"的感受。展品只是展出来是不够的，还要营造好的空间和视觉效果，使拍照能"出片"。我们在常设展览策展理念的形成与实施过程中，对于观众的获得感、喜爱的展览点是做了一些先期预设。

　　在"大运河展"中，我们首选推荐的打卡点无疑是汴河剖面，其次便是唐墓、宋窑、拦潮闸河道堆积等大型考古出土品，还有排场满满的鲁荒王墓木俑仪仗。因为考古出土物的特质——从考古发掘到信息记录，到学术研究，再到展陈展示，全链条完整的信息流会让整个故事情节丰满而生动，让它的前世今生显得真实而鲜明。同时，考古出土物也是时空载体：以汴河剖面为例，"水韵江苏"公众号曾刊登过

"一卷无字书 半部运河史"展品介绍，文中详细介绍了汴河剖面的发现、发掘、提取、拼对、展示的过程，并对剖面作为大运河时间和空间载体发挥的重要作用进行阐释，体现不动为动的保护利用理念。汴河剖面、铁瓮城石板道路、唐墓、宋窑等无一不是常规意义上的"不可移动文物"，将不可移动文物通过整体搬迁的形式，完成切割搬迁、千里转运、舟车更替、拆墙入室、室内考古、现场保护等一系列工作，从广袤田野到中运博展厅，虽几经周折，但真正地"让文物活了起来"。

"舟楫展"推荐的是实体复原的沙飞船。进入复原的大型沙飞船内部，观众可以感受到船舱的内部结构，也可以站在甲板上观看古代运河360°环幕视频。在整个体验过程中，空间由狭窄到宽敞，展示手法从实景到虚拟，为观众带来充满惊喜的沉浸式感受。

"运河街肆展"的每一处都值得打卡，如果要选出"打卡之最"，则首推南段临河河房。该场景浓缩了大运河江南段小桥、流水、人家的情境，利用科技手段，设置 LED 天幕以及联动落雨装置，循环播放视频，渲染大运河沿岸的生活环境，包括日夜、晴雨、四季变换，配合循环落雨，呈现出一个真实而又梦幻的城镇历史景观。

（一）观众评分与好评率

在"微博""小红书"等各大社交媒体、自媒体平台，观众们"八仙过海"全面呈现了这座时尚、多元、创新的博物馆（图4-6）。相较于开馆100余条评论，截至2022年10月，评论上升为1000＋条，且稳定在4.9分。

根据微博、小红书等自媒体平台观众拍照打卡的情况，我们统计出了前十名打卡点：

图4-6　小红书：摄影师么么锐

1. "舟楫展"船模
2. "运河街肆展"洛阳印象部分
3. "运河街肆展"LED 天幕
4. "大运河展"序厅
5. "大运河展"鲁荒王墓木俑仪仗
6. "舟楫展"沙飞船
7. "大运河展"南朝陵口石刻
8. "大运河展"汴河州桥剖面
9. "运河街肆展"戏台
10. "大运河展"琉璃器

这些热门打卡点，既有策展人精心筹划的结果，也有观众的主动选择。尤其是"大运河展"的序厅，它位于观众参观展览的入口。"大运河"三个大字赫然在立，与主题极致契合，因此许多观众选择在这里打卡留念，序厅自然成为纪念性打卡的好地方。

（二）观众二次传播的影响力

观众的二次传播也是中运博得以维持热度的重要因素。

开展之后，对微博、小红书、大众点评等平台进行粗略统计（表4-2），我们发现观众们最爱"晒"的打卡点基本与策展时我们的设想不谋而合，但有些也是我们意料之外又情理之中的。自 2021 年 6 月开馆以来，中运博在"大众点评""美团""去哪儿"和"携程"等多家口碑网站上好评如潮，这些评价也直接体现了观众的喜好。

表 4-2　观众传播分析

作者	标题	链接	成绩（数据、转发、精选推荐、评论）	发布平台
Realchi	一票难求!扬州新开幕的大运河博物馆被游客挤爆了	https://weibo.com/ttarticle/p/show?id=230940465522325074 7521	阅读数 14W+	新浪微博、今日头条
	中国大运河博物馆，一个做到极致的博物馆	https://www.toutiao.com/w/a1704811 287336967/	展现量 3.9W	新浪微博、今日头条
	最网红博物馆开启，中国大运河博物馆	http://weibo.com/1446379040/KINK32Win	1) 评论 376，转发 148，赞 379 2) 这条内容在朋友圈发布，引发苏州旅游系统领导关注，问怎么预约，要带队过来参观考察 3) 小红书首页推荐	新浪微博、今日头条、小红书、绿洲
摄影师么么锐	这个暑假一定要来扬州｜中国大运河博物馆	https://weibo.com/2531039657/KIGZixynT	1）评论 460，转发 165，赞 1843 2）被"水韵江苏"江苏省文化和旅游厅官方微博转发	新浪微博、今日头条、携程、小红书、绿洲、马蜂窝
	扬州新地标｜中国大运河博物馆·璀璨夜景	https://weibo.com/2531039657/Km5Vk2QKC	1) 评论 366，转发 169，赞 1310 2）被"江苏微旅游"江苏省数字文化和智慧旅游发展中心官方微博转发 3）携程精选	新浪微博、今日头条、携程、小红书、绿洲、马蜂窝

续表

作者	标题	链接	成绩（数据、转发、精选推荐、评论）	发布平台
摄影师么么锐	一座特别火的博物馆｜中国大运河博物馆	https://weibo.com/tv/show/1042200:4651634484248598?from=old_pc_videoshow	1）评论592，转发185，赞2143 2）被"水韵江苏"江苏省文化和旅游厅官方微博转发 3）播放量3.8W 4）携程精选	新浪微博、今日头条、携程、小红书、绿洲、马蜂窝
米果果migooo	中国大运河博物馆｜真实街肆恍若穿越时空	https://weibo.com/2254834791/KndZjaT5V	1）评论133，转发139，赞1028 2）携程精选	新浪微博、携程、今日头条、绿洲、马蜂窝
	中国大运河博物馆｜"运河上的舟楫"展厅	https://weibo.com/2254834791/Kn5rMrEOY	1）评论147，转发152，赞831 2）被"江苏微旅游"江苏省数字文化和智慧旅游发展中心官方微博转发 3）图片被"江苏微旅游"使用推荐	新浪微博、携程、今日头条、绿洲、马蜂窝
	刚刚开业不久的中国大运河博物馆也位于景区内	https://weibo.com/2254834791/KmqNTArLR	评论130，转发154，赞1067	新浪微博、携程、今日头条、绿洲、马蜂窝
	中国又新增一网红博物馆｜中国大运河博物馆	https://weibo.com/2254834791/KILAPqlaL	评论512，转发178，赞2098	新浪微博、携程、今日头条、绿洲、马蜂窝

续表

作者	标题	链接	成绩（数据、转发、精选推荐、评论）	发布平台
莺尾	刚开业的新博物馆就火成这样?!	https://weibo.com/1296280220/KmgP6bOKh	评论242，转发84，赞2093	新浪微博、今日头条、绿洲
	今年也逛了不少博物馆，但中国大运河博物馆真的太不同	https://weibo.com/1296280220/KIHZTtOpG	评论296，转发66，赞1627	新浪微博、今日头条、绿洲
虎虎生味儿	中国大运河博物馆在6月16号开馆	https://weibo.com/1142043890/KIDvGcmu8	评论202，转发302，赞1016	新浪微博、大众点评、小红书、绿洲
一柄锈剑	才刚刚正式开放的中国大运河博物馆，马上就成了超级网红	https://weibo.com/1510280094/KIMtGitgt	1）评论100，转发132，赞354 2）播放量2.7W	新浪微博、今日头条、大众点评、携程、绿洲、马蜂窝、百度、小红书
穿行世界的cici澄	扬州旅行｜中国大运河博物馆（逛拍指南）	https://weibo.com/1502844685/KIPQ0cEe3	评论767，转发1109，赞3780，携程精选	新浪微博、携程、小红书、绿洲

续表

作者	标题	链接	成绩（数据、转发、精选推荐、评论）	发布平台
一柄锈剑	刚开幕就爆满，运河博物馆如何做到成功出圈	https://rn.ctrip.com/webapp/you/tripshoot/paipai/detail/detail?articleld=10191971&fromcrn=1&autoawaken=close&popup=close&ishideheader=true&isHideNavBar=YES&seo=0&s_guid=22110ac1-8551-4f42-8346-98ba8807de3f	携程精选	新浪微博、今日 头条、大众点评、携程、百度、小红书等
米 果 果 migooo	新开馆的中国大运河博物馆，详细浏览攻略	https://rn.ctrip.com/webapp/you/tripshoot/paipai/detail/detail?articleld=10190592&fomcrn=1&autoawaken=close&popup=close&ishideheader=true&isHideNavBar=YES&seo= 0&s_guid=c4505678-5c80-4ac7-97f3-fa64af707682	携程精选	新浪微博、携程、今日头条、绿洲、马蜂窝

作者	标题	链接	成绩（数据、转发、精选推荐、评论）	发布平台
摄影师么么锐	扬州新面世的据说非常顶流的中国大运河博物馆	https://weibo.com/2531039657/KIEMQz5em	赞 298	新浪微博、今日头条、携程、小红书、绿洲、马蜂窝
	Morning	早安啊！中国大运河博物馆.大运塔.	https://weibo.com/2531039657/KILJ18Now	1）赞 237 2）评论： 追风蒲公英 20609：这个楼有点意思	新浪微博、今日头条、携程、小红书、绿洲、马蜂窝
	在中国大运河博物馆看到的雕塑.我感觉是珍惜水资源的创意	https://weibo.com/2531039657/KlJoujO1j	1）赞 161 2）评论： 追风蒲公英 20609：弥来佛的手吗？ 淋游记：这个雕塑太形象，像极了我的胖手［允悲］	新浪微博、今日头条、携程、小红书、绿洲、马蜂窝
	打卡成功，种草预言，中国大运河博物馆	https://weibo.com/2531039657/KIFuJ9SL6	1）赞 142 2）评论： 追风蒲公英 20609：这个片片我喜欢	新浪微博、今日头条、携程、小红书、绿洲、马蜂窝
米果果 migooo	中国大运河博物馆丨河之恋展	https://weibo.com/2254834791/KneSXgj9W	1）赞 377 2）评论： GGrabbit：这景色非常的好看啊 可萌可甜玉兔精：美得令人窒息 心似蓝鹰 007：好美。童话故事一样	新浪微博、携程、今日头条、绿洲、马蜂窝

续表

作者	标题	链接	成绩（数据、转发、精选推荐、评论）	发布平台
米果果migooo	中国大运河博物馆｜大运河非物质文化遗产展	https://weibo.com/2254834791/KneGxejIB	1）赞 831 2）评论： 内拉在路上：文化之旅 山顶发呆的女孩：发展得太好了，好美啊	新浪微博、携程、今日头条、绿洲、马蜂窝
	中国大运河博物馆｜运河与艺术展	https://weibo.com/2254834791/KnegWrLsu	1）赞 893 2）评论： 缊藉_121：厉害了这个小子挺叼的：正能量惊喜惊喜	新浪微博、携程、今日头条、绿洲、马蜂窝
	中国大运河博物馆｜世界知名运河与运河城市	https://weibo.com/2254834791/Kne6V4XPt	1）赞 796 2）评论： 内拉在路上：学到知识，很棒的 向日太阳葵花：我又 get 到了	新浪微博、携程、今日头条、绿洲、马蜂窝
	中国大运河博物馆展出的《京杭道里图》(复制)	https://weibo.com/2254834791/Kn5oM4W1o	赞 128	新浪微博、携程、今日头条、绿洲、马蜂窝
	中国大运河博物馆·扬州又一个网红打卡地	https://weibo.com/2254834791/KIFMMuhlv	1）赞 179 2）评论： 内拉在路上：适合拍照	新浪微博、携程、今日头条、绿洲、马蜂窝
	中国大运河博物馆·两个大宝贝儿情侣装出行	https://weibo.com/2254834791/KIFzsAdtd	赞 385	新浪微博、携程、今日头条、绿洲、马蜂窝

　　博物馆不仅面对普通公众，也面对各种媒体、专家及同仁。开馆以来中运博的展览收获了观众的一致好评，同时媒体、专家们也给予了赞扬。

（三）媒体说

　　以公众为中心进行建设规划，适应市场需求。中国大运河博物馆做到了真正以公众为中心，从规划建设之初就设身处地去揣摩观众心理和体验。

　　国内首座集文物保护、科研展陈、社会教育于一体的现代化综合性运河主题博物馆，生动展现了大运河的中国智慧。中国大运河博物馆以新唐风建筑融合传统与现代之美，力求全流域、全时段、全方位展现大运河历史文化，充分彰显大运河的千年底蕴、时代价值、当代形象。目前，中国大运河博物馆已征集各类文物展品1万多件（套），并设置9个专题展览，堪称中国大运河的"百科全书"。

　　利用数字技术提升用户体验。中国大运河博物馆内处处可见5G、VR、球幕、环幕等"黑科技"交互式设备。在数字化沉浸式体验展"河之恋"环幕展厅中，运用"科技＋艺术＋文化"的裸眼技术，设置"水""运""诗""画"四个篇章，垂杨的袅娜、荷叶的轻舞、亭台的静美、蜻蜓的挺立，彰显着运河之大美。在5G大运河沉浸式体验区，裸眼3D技术可让千里运河画卷近在咫尺，两岸烟火气息触手可及；而5G信号＋VR720°全景视角的"慢直播"，则以科技赋能文化实时呈现运河生态之美。

　　致力成为国家一级博物馆和国家AAAAA级旅游景区。扬州将以此为新的起点，积极配合南京博物院做好大运河博物馆的运营管理工作，并联合大运河博物馆和运河三湾共同申报国家 AAAAA 级景区，聚力打造集公共文化服务、大运河文化研究于一体的文化新地标和旅游目的地，同时还将继续推进大运河沿线重点文化旅游设施建设，全力推动大运河文化旅游度假区创建国家级旅游度假区。

（四）专家说

时任全国政协副主席刘奇葆指出，大运河文化发展论坛举办和扬州中国大运河博物馆建成开放，是一件很有意义的事情。希望论坛进一步突出思想性、学术性、专业性，努力打造成大运河国家文化公园建设工作交流、学术研究和对外交往的重要平台；希望博物馆努力成为向世界讲好中国运河故事的重要窗口，为展示中国形象、传承中华文明、彰显文化自信作出积极贡献。

中国博物馆协会理事长刘曙光在《博物馆的力量》中提及："运河上的舟楫它好看也好玩。经得起专家看，更经得起广大的普通观众看，所以我觉得它很可能在某种意义上代表了中国博物馆未来举办展览的一个前进的方向，所以我已经去过三次了，每次去我都能从中有新的发现。我认为是非常好的一个展览。"

中国工程院院士、中国大运河博物馆设计师张锦秋说："它应该是象征中华民族精神的标志，象征大运河悠久的历史和灿烂的文化，在功能技术上它应该是世界一流的博物馆，中国大运河博物馆，应该给广大老百姓带来幸福美好的生活。"

中国文物学会会长单霁翔认为，中国大运河博物馆建于扬州是十分好的，因为扬州不仅大运河文化资源独特、且牵头组织了大运河申遗，率先出台了大运河保护规划、法规，多次举办了有影响的国际活动，大运河保护工作成绩突出。保护大运河遗产的目的是使大运河的文化遗产要素和现实经济社会发展实现真正意义上的结合，让大运河重生，而大运河本来就是动态的、活态的文化遗产，两者的理念高度吻合。现在的关键是将大运河保护纳入城市的更新设计中，使运河促进经济社会发展，从而真正惠及民众生活。

中国书法家协会主席、江苏省书法家协会主席孙晓云说："大运河给我们人类，给我们中国，给我们江苏文化滋养，所以我们为中国大运河博物馆捐献这样的书法长卷，实际上也是标志着江苏的文化的传承，中国书法的传承，像运河的水一样源远流长。"

浙江省博物馆副馆长蔡琴："5G 大运河沉浸式体验区"通过 5 屏环绕、裸眼3D，可一镜穿越大运河沿线 17 座城市，不管是江东风流、六朝迭兴，还是东南都会、隋唐繁华，抑或盛世江南、明清辉煌，顺河而下，便可一览中华神韵。

三、吸引观众的另一种路径

当下中国博物馆面临着文化和旅游融合后的多重挑战，观众对展览质量和综合服务的要求不断提高。为提升观众看展环境，满足观众多元需求，中运博自开馆以

来不断完善各种公众服务设施，全力保证场馆有序开放运营。同时，还开展了
丰富多彩的社教活动，开发了特色文创产品。

（一）活动推送与预约

　　活动推送与预约在中运博官方网站及微信公众号上即可进行（图4-7）。

图4-7　活动推送及预约界面

图4-8　场馆服务

（二）开放服务

我们提供多元优质服务，确保观众获得良好体验（图4-8）。

（三）社教活动

为丰富公众体验，中运博社教人员深入挖掘馆藏大运河文物的多重价值，策划实施了主题广泛、形式多样的全龄段教育活动，如表4-3所示。

表 4-3　中国大运河博物馆开馆以来社会教育活动一览

时间	名称	人数 / 名
2021-06-16	"运河上的诗词"拓片活动	10
2021-06-19	"运河风物 DIY"活动	10
2021-06-20	运河动植物系列活动：鸟语花香	10
2021-06-26	"大运河——中国的世界文化遗产"专题导览	30
2021-06-27	"运河上的舟楫"专题导览	20
2021-07-08	衣被天下：运河上飘来的锦衣华裳	15
2021-07-09		15
2021-07-11	舟行千里："运河上的舟楫"专题导览及船模制作活动	15
2021-07-17	大运河里的古代诗词	15
2021-07-18	运·转：曾经的国家粮仓——含嘉仓	20
2021-08-11	运博云课堂：饱蘸运河水，写就四大名著	1285
2021-08-18	运博云课堂：流淌在课本里的诗词之河（上）	1785
2021-08-25	运博云课堂：流淌在课本里的诗词之河（下）	1025
2021-09-01	运博云课堂：大运河上的南腔北调	1585
2021-09-08	运博云课堂：昆曲——水路里唱出来的戏路	1099
2021-09-22	"最"系列文物：最官方的"补丁"	2360
2021-09-30	"最"系列文物：最"精准"的文物——校准	1745
2021-10-13	"最"系列文物：最大的剑	2286
2021-10-16	彩虹飞架 造福百姓——运河上的桥梁	15
2021-10-23	运·转：曾经的国家粮仓——回洛仓	15
2021-10-29	乐龄课堂：春种一粒粟，秋收万颗籽	15
2021-11-06	中国大运河博物馆儿童导览访谈：因运而生——大运河街肆印象	15
2021-11-06	中国大运河博物馆儿童导览访谈：大运河——中国的世界文化遗产	15

时间	名称	人数 / 名
2021-11-10	"最"系列文物：最牢固的"蝴蝶结"	1245
2021-11-20	运·转：曾经的铁瓮城道路	10
2021-11-27	彩虹飞架 造福百姓——运河上的桥梁	15
2021-12-01	"最"系列文物：最早的夯土机——石硪	15
2021-12-11	运·转：曾经的汴河剖面图	15
2021-12-15	运博云课堂：巧夺天工·运河之水系列——埽工	899
2021-12-23	运博云课堂：巧夺天工·运河之水系列——南旺分水枢纽	1119
2022-01-02	运.转——带着尊重走进中国大运河博物馆	16
2022-01-08	"江都王"临时展览公众调查访谈会	15
2022-01-23	运·转——带着尊重走进大运河博物馆	16
2022-02-02	运·转——带着尊重走进中国大运河博物馆	16
2022-02-05	运·转——带着尊重走进中国大运河博物馆	16
2022-02-20	廿四·雨水——屋檐上的艺术	10
2022-03-05	运·转——带着尊重走进大运河博物馆	16
2022-06-03	我们的节日——五月端阳 龙舟竞渡	20
2022-06-04	我们的节日——端午安康 佩之以香	10
2022-06-04	"中兹神州"特展——诗韵盛唐"醉"洛阳	10
2022-06-05	环境保护从我做起——绿野仙踪湿地寻趣	10
2022-06-11	湿地精灵 蝶舞盛夏	10
2022-06-12	"中兹神州"特展——盛世洛阳炫彩马	10
2022-06-18	视听盛宴 I "唐妆·唐装"梦回千年盛世之美	40
2022-06-25	非遗传拓 文化烙印	10
2022-06-26	非遗手作 纸间艺术	20
2022-07-02	非遗手作，秀美团扇	10
2022-07-02	非遗手作，纸间艺术	20
2022-07-09	绿野仙踪湿地寻趣	20

续表

时间	名称	人数 / 名
2022-07-10	"中兹神州"特展——诗韵盛唐醉洛阳	10
2022-07-21	自然探趣营——我"予"湿地	15
2022-07-23	"荷"你相遇——大暑茶会	10
2022-07-23	世界运河城市系列课程 I 国家动脉（伊利运河）	12
2022-07-27	沿运河扬帆起航，学文明智慧结晶	20
2022-07-29	非遗手作，雕印墨香	10
2022-07-29	"中兹神州"特展——诗韵盛唐醉洛阳	10
2022-07-30	水情教育——舟楫往来通南北	10
2022-08-02	玩转中运博，通关全流域	15
2022-08-02	（亲子组）传承运河非遗技艺、走进苏扬传统文化	8
2022-08-06	（单人组）传承运河非遗技艺、走进苏扬传统文化	16
2022-08-16	水利天下——水主沉浮（苏伊士运河）	12
2022-08-18	"中兹神州"特展——盛世洛阳炫彩马	10
2022-08-26	学运河历史，赏《运河之韵》	8
2022-08-27	湿地盎然，飘香皂艺	10
2022-08-28	"中兹神州"特展——盛世洛阳炫彩马	10
2022-09-03	水情教育——古人饮水有讲究	10
2022-09-03	世界运河城市系列课程 I 神工巧思（阿姆斯特丹运河）	12
2022-09-10	中秋话月 人间共情	10
2022-09-11	月出运河波光里，"皂"就生活新动力	10
2022-09-12	非遗展演——《嫦娥奔月》木偶戏	20
2022-09-17	纹饰曲中意 妙笔提青瓷	10
2022-09-18	世界运河城市系列课程 I 河济天下——基尔运河	12
2022-09-24	水情教育——舟楫往来通南北	10
2022-09-25	非遗手作，雕印墨香	10

图4-9 社教活动

活动设计按照"理论＋实践""历史人文类＋自然科技类""博物馆＋景区"的思路，注重观众体验，激发公众参与兴趣（图4-9）。

（四）志愿者服务

为更好地开展公众服务与教育工作，进一步弘扬"奉献、友爱、互助、进步"的志愿精神，中运博开馆后面向社会招募了一批热爱文博事业、热心志愿服务的社会人士加入志愿者团队，他们被称为"锦帆"。在开馆后的一年里，中运博"锦帆"志愿者团队始终在前行，从未有懈怠，他们为走进中运博的观众提供各种志愿服务，积极参与运河文化进学校、进社区，助力开展"诵运"系列活动，把内容丰富、形式多样的大运河文化不断呈现给更多人（图4-10）。

图4-10　志愿服务活动

　　"锦帆"中运博志愿者团队作为大运河文化遗产的"守护者"、大运河"百科全书"的"朗读者"、大运河文化的"传承者"、大运河美好生活的"演绎者",在未来,将不断地向公众讲好运河故事,传承好、保护好中国大运河的宝贵遗产。

（五）文创产品开发

中运博注重打造多元文化创意空间。文创商店立足于体现运河美好生活，将运河文化与人们当下生活相结合，打造了一个集零售、展示、体验于一体的多功能美学生活区，既使博物馆展览得以延续，又成为参观者体验和购物的场所。

中运博的文创产品开发不局限于一家博物馆，也不囿于一座城、一段河，我们与大运河博物馆联盟单位广泛开展信息互通与资源互换，打破地缘阻隔，最大限度地协调、丰富优质文创资源。这一实践不仅是拓展文创产品合作模式的一种有益尝试，也对促进运河文物合理利用、全面展示运河风采、扩大运河文化品牌的社会影响力起到积极作用。

文创商店"博运堂"的产品设计开发格外注重凸显运河元素，利用特色的馆藏资源，将基本陈列和专题性临时展览相结合，把大运河的历史文化融入人们的日常生活中。同时与大运河博物馆联盟单位及相关文创企业合作，为观众提供更为丰富的运河特色文创产品（图4-11）。

讲量更讲质，中运博还注重打造多元文化创意空间。通过前期的多方调研并结合自身特点，中运博将文创销售按照功能分为定位清晰的六大区域，满足多元需求。此外我们还有雅致的饮食休闲区、食芳餐厅和饮翠茶社，在为大家提供美食的同时，也献上精神大餐。

（六）VR虚拟展览

受新冠疫情的冲击，博物馆观众的数量和构成发生了显著改变，观众数量有所减少且多为本地居民，这不仅对博物馆发展造成了深远影响，也给我们带来一些

图4-11　博物馆文创商店

启示，在"后疫情时代"博物馆的传播要更加重视数字化。我们通过打造线上VR虚拟展览，打破传统博物馆的参观模式，突破时间与空间的限制，观众可随时随地参观虚拟展览。这不仅可以让公众享受到优质的精神文化生活，同时也能提高博物馆的社会影响力，对延伸博物馆社会教育服务功能具有重大意义。

　　VR虚拟展览拍摄分为红外扫描拍摄和高清拍摄两种。通过高配的专业设备进行现场采集拍摄，再交由专业技术人员进行后期制作，从而还原呈现出完整的数字展厅，力求真实还原展厅、展品、展板、知识窗等细节、质感和色泽，令观众仿佛身临其境。

　　"大运河展"采用先进的红外扫描仪进行前期图像采集。摄影师通过前期勘查，选择最佳路线，对展厅中的248个点位进行了720°全景红外三维扫描。

　　"舟楫展"以及"运河街肆展"则采用了超高清拍摄方式，摄影师先依据两个展厅环境制定公众最佳浏览路线和视角的点位，再根据点位用专业级单反拍摄曝光正常、无漏拍，色彩均匀的照片，并且用专业相机对虚拟展厅的模型进行扫描采集，后期制作将摄影师拍摄的图片拼接成内容完整、清晰的 2 ∶ 1 特殊扭曲度全景照片，最后将所有全景照片进行合成，再切片处理成虚拟数字展厅。

四、花开硕果终有时

　　21 世纪，特别是党的十八大以来，中国博物馆事业迅猛发展，博物馆在社会发展及人民群众的美好生活中发挥了应有的作用，博物馆理论与实务均取得了长足的进步。

　　中运博作为第一家建在大运河国家文化公园里的专题型博物馆，从组织实施建馆到运营，在博物馆的定位与发展要求、零展品展览的展品体系构建、常设展览的主题阐释与创意设计、展览招标、博物馆运营保障等工作内容上，不断反思总结，形成了一批成果，取得了一些成绩。为此我们出版各类读物，并在《东南文化》发表系列专题文章，如图 4-12、表 4-4 所示。与大家分享我们的理念、做法，期望为我国博物馆事业特别是新馆建设提供一些经验，也正因我们的努力，过去几年我们取得瞩目成就，如表 4-5 所示。

图4-12 相关成果

表 4-4　《东南文化》2021 年第 3 期专题研究：中国大运河博物馆

序号	名称	作者
1	中国大运河博物馆的建设定位和发展要求	龚良
2	"零展品"博物馆展品体系构建——以中国大运河博物馆展品征集为例	李竹
3	中国大运河博物馆多重视角下的展览体系架构	田甜
4	历史、本体与象征："大运河——中国的世界文化遗产"策展	林留根
5	运河流域非遗策展与运营探索——以"大运河非物质文化遗产"展为例	陈述知
6	"城市历史景观再现"展览模式探索——以民国馆和"因运而生"展为例	钱钰 戴群
7	探索契合的展陈空间与公共空间——以中国大运河博物馆为例	张乐
8	游戏型教育模型构建在博物馆中的应用探索——以青少年互动体验展"大明都水监之运河迷踪"为例	郑晶
9	合作·共享：中国大运河博物馆馆校合作的模式与活动策划	许越
10	合规性与实用性：中国大运河博物馆布展招标方式设计及实践	马根伟
11	基于南京博物院后勤保障探索中国大运河博物馆开放运营	张小坚

表 4-5　中运博 2021 年 6 月开馆以来获得奖项 / 基地一览

序号	奖项 / 基地名称	授予单位
1	江苏省爱国主义教育基地	中共江苏省委宣传部
2	江苏省水情教育基地	江苏省水利厅、中国江苏省委宣传部、江苏省财政厅、共青团江苏省委、江苏省科学技术协会
3	江苏"运河百景"标志性运河文旅产品	江苏省文化和旅游厅
4	江苏省生态环境科教宣传基地	中国大运河博物馆、江苏省环境科学研究院
5	2020—2021 年度江苏文旅消费人气打卡地	第三届大运河文化旅游博览会城市文旅消费论坛组委会
6	江苏"醉美文化空间"微视频大赛获奖作品：原创微视频《中国大运河博物馆》	江苏文旅自媒体联盟
7	中国博物馆协会普通会员单位	中国博物馆协会
8	第 11 届艾蒂亚奖最佳历史文化旅游项目金奖	国际旅游投资协会

以文塑旅，以旅彰文。

应观众需求，在饱餐精神食粮之后需安抚辘辘饥肠，开馆一周年之际，食芳餐厅和饮翠茶社正式经营，这里有一碟、一味、一风物的沿岸生活百态，也有一杯、一盏、一筵席的运河饮食文化。

当每日的门票总数限额一提再提，从最初的 7000 张到目前的 1.6 万张，预约额度仍每日爆满，观众的喜爱如滔滔运河水……

当"我推荐""我喜欢""我一定还要来"等令人欢欣鼓舞的话语越来越多，我们也更添底气——中运博，这一场文旅融合的多元体验，必将给更多朋友带去更美妙、醇厚、回味无穷的体验。

因運而生

Born Because of
the China Grand Canal

结　语

一个不负期待的旅游目的地

作为国内首个全面展示中国大运河的专题博物馆、国家文化公园内的首座博物馆，中运博的任务不仅仅在于全面反映大运河历史概况、现今状态和未来发展，更在于不断建设成为大运河文化带的重要窗口，打造基于大运河国家文化公园的展览展示平台和文化休闲场所。

新芽初成，自当踔厉奋发。中运博自 2021 年 6 月 16 日开馆以来，至今已近二年，虽遭受疫情等不确定因素的冲击，仍开展 200 余场次社教活动，累计接待观众近 111 万人次，尤其是 2022 年暑期开放日期间，每天 1.5 万人次的参观预约名额场场爆满，甚至在 40 度的高温天气，喜爱中运博的观众们仍旧不顾酷暑前来参观。持续的高热度使中运博成为耀眼的"网红"打卡地、新晋的扬州标志性会客厅。这对于每一个参与中运博建设和运营的"运博人"来说，不胜欢喜、倍感荣幸。但在欣喜的同时，我们也会理性地看待中运博的开放情况，不断总结思考。

在高热度背后，观众到底被什么吸引？

好的展览？

展览体系是博物馆展览的整体结构，体现了各展厅与博物馆之间的逻辑关系，一个成功的展览体系架构应对博物馆定位和宗旨进行精准解读与全面阐释。

中运博展览体系架构全方位围绕定位和宗旨，力求创新展览理念与展示手段，构建全流域、多视角的展览展示展演体系，分别从文化传播视角全方位阐释中运博文化遗产价值、观众体验视角打造新时代博物馆参观的多元体验、文旅融合视角创新大运河国家文化公园的综合休闲服务。

从文化传播视角，坚持"全面性和差异性""系统性和可达性"，对大运河文化遗产价值做全方位阐释。

"全面性和差异性"是指中运博在坚持展览内容全面的同时，从不同角度入手对大运河进行主题阐释。在全面性阐释上，基本陈列以"流动的文化 美好的生活"为主线，从多个角度深度解读并诠释"大运河带来的美好生活"主题。在差异性表达上，既立足于世界文化遗产的宏观视野以传统的历史叙事方式，全景展示大运河的历史面貌与文化价值；也注重穿越式的情景体验，通过"无文字＋沉浸式"的设计，再现历史景观，增强参观趣味性。

"系统性和可达性"是指展览逻辑条分缕析，展品信息传递易被接受。中运博的展览体系架构在遵循博物馆展览内容、设计、制作等行业标准规范的基础上，将展览大纲、图片资料等转化为观众易接受的展览内容设计文本，构建层次分明的逻辑结构。同时，多手段征集展品，辅以 AR、多媒体互动屏等先进科技手段，丰富展览信息传播方式，使展览所表达的信息得以有效传播。

从观众体验视角，中运博聚焦博物馆参观的多元性体验，不断增强参观体验的"丰富性"和"趣味性"。新时代背景下，博物馆展品内涵丰富，展览阐释更加注重分众体验，因此博物馆应主动融入社会发展中，以多元展示手段满足观众多样性的参观需求，将基本陈列设计得主题鲜明，给观众带来了最佳体验效果。

注重参观流线的"统筹性"和"舒适性"。博物馆展览在策划和设计过程中越来越注重观众"览"的感受，观众在参观流线行走中的舒适度和愉悦感是其在博物馆获得良好体验的重要指标。为确保参观流线设计契合展览体系架构，中运博在规划之初就同步筹划展览策划与博物馆空间规划、展线设计的关系。同时，在流线变换中注重节奏感，为观众创造与展品交流的机会，提升参观体验舒适度。

在文旅融合背景下，博物馆兼具文化属性和旅游属性，既是传播知识的场所，也是休闲娱乐的空间。

中运博从文旅融合视角，创新国家文化公园休闲服务，致力于成为满足观众参观需求的国家文化公园示范场所。在策展阶段考虑不同类型观众的参观需求，将观众按照年龄、地域、参观目标等划分组别，在文化阐释方面强调地域的均衡性，在展示手段上兼顾年龄的多样性，以满足观众的差异化文化需求，让观众获得认同感与满足感。

丰富多样、别具特色的中运博展览体系应该是吸引观众的最重要因素。一座从零开始的博物馆，对于观众来说会有很多新鲜感，它有很多特别之处，比如是第一座建在国家文化公园中的博物馆、一座文旅高度融合的博物馆、一座由省市共建的博物馆；又比如大放异彩的沉浸式数字体验展、不断创新的展陈概念。那么，当国家文化公园内的博物馆日益增多，当文旅融合不断攀向新的高峰，当新颖的数字技术褪去先进的外衣不再具有吸引力，我们的展览在经年之后，如何依旧让公众产生"只如初见"时的心潮澎湃？

是展览的生命力、耐看度，也是展览内容的二次传播。

基本陈列除了在改陈升级、设备维护升级方面持续吸引观众外，还应该对展览内容进行深度挖掘、二次解构，不断重塑展览的传播力。尤其是我们这样一座年轻的博物馆，它既没有历史积淀下来的"明星文物"，也没有"网红体质"的展品。我们当前基本陈列中 "汴河剖面" "陵口石刻" "画舫" "沙飞船"等展品的"火热"，除了在策展设计中打造爆点的计划，还得益于开展后的宣传和观众自发的二次传播，这说明展览的传播力也是展览重要的生命力。贴近展览内核又出圈的文创产品，与常设展览配套的社教、研学活动，新的解读、新的学术成果，都是展览二次传播、焕发新生命力的契机。

优质的服务？

完备优质的公众服务、丰富有趣的互动体验和寓教于乐的教育活动，是展示中运博文化内涵的重要服务内容，也是满足大众对美好生活需求的无形文化产品。中运博以"服务公众、奉献社会"为宗旨，致力于讲好中国大运河文化故事，拉近人与历史的距离，用人文美好浸润日常生活。我们将运河上的生态环境、水工智慧、贸易往来、民俗艺术、烟火气息融入丰富多彩的教育活动，利用智慧化服务手段，通过创新服务理念及多元化的教育活动，充分发挥博物馆作为"大学校"的社会功能，传递运河之美，传承运河文化。

创新服务理念，提升观众文化获得感。在"以人为本"的服务精神指引下，中运博秉承"智慧服务"和"分龄分众"的创新理念，搭建博物馆与公众之间的沟通桥梁，促进大运河文化和旅游公共服务的融合发展，为观众带来高品质的参观体验和智慧化的人文关怀；通过社会教育课程、智慧化导览服务、青少年互动体验项目、大运河文化进校园（馆校合作）四大教育板块，构建起新颖的"运河文化博物馆教育基地"，协调公众与博物馆教育人员共同挖掘、整合好大运河沿线丰富历史文化资源，积极保护运河遗产，促进美好物质生活与精神文明需求高质量融合发展；以多媒体技术为支撑的智慧化导览、沉浸式青少年互动体验项目，以及主题广泛、形式多样的全年龄段教育活动，让"依水而建""缘水而兴""因水而美"的运河文明不仅在文字间缓缓流淌，也浮现在文物上。

优化服务设施，打造人性化服务体系。博物馆除了精心策划主题鲜明、内容丰富、创意无限的展览，还要为观众提供细致入微的服务。当观众进入中运博，一部手机，指尖轻触，就可以便捷操作系统搭载的服务软件，掌握最新展览信息和实时参观人数，合理安排时间，规划最佳参观路径；"银发族"可以通过绿色通道入馆，接受面对面人工服务，在服务人员悉心指导下跨越"数字鸿沟"，无障碍地享受博物馆里闲暇时光；参观时，智能导航随时为观众规划最优参观路线，同时提供有针对性、有亮点的展览介绍；咨询台提供"一站式"微笑服务，让每位走进中运博的观众，都能拥有舒适的观展体验。

以数字技术构建"一站式"智慧服务，满足高品质文化期待。我们从服务"文物"转化为服务"观众"，以展项的丰富性打动观众，以知识的专业性满足观众，打造一座真正以观众为中心的新时代博物馆。

通过智慧展馆中控系统，智能化管理人流出入，实现全馆的智慧化监测管理与运营维护，提高观众观展舒适度；以图文视频结合的智慧导览，生动形象为观众解惑；用多语种语音导览、AR 形象展示等技术展现文物丰富的背景故事与文化内涵，真正做到"让文物活起来"；"看、听、学、玩"四位一体的智慧化导览服务，为观众带来耳目一新的观展体验。同时，中运博还设计了一系列线上展览与互动直播，可以让全球观众"云上"观河赏景，真正做到"天涯共此时"。

丰富教育活动，增强中华文明生命力。中运博深入挖掘馆藏大运河文物的多重价值，策划实施了主题广泛、形式多样的全年龄段教育活动。活动形式包括专题展览、公众讲座、体验活动、亲子活动、社区推广和馆校课程，为公众普及因运而生的地域文化、水利文化、漕运文化、船舶文化、商事文化，以及丰富的民间艺术、精湛的手工技艺、深厚的传统习俗，拓展公众的观展维度，多角度深化公众的参观体验过程。

此外，整合大运河沿线多家博物馆的优质教育资源，"量身定制"形式多样的主题研学活动，参与者可以在实地观察、欣赏和探索中贴近文物、走进历史。为加强大运河文化遗产的保护、利用和传承，中运博未来还将继续利用好博物馆教育资源，联合大运河沿线的幼儿园、小学、中学、大学等示范学校，逐步搭建运河文化的馆校合作平台，共同策划"大运河文化系列课程"，推动建立馆校合作长效机制，努力让博物馆成为学生的"第二课堂"。

优质的社教活动、人性化的公共服务、量身定制的主题研学活动，这确实是吸引观众驻足中运博的原因。但在运营中，尤其是公共服务部分，我们还有很多需要提升的地方。自开馆以来，中运博吸引了很多观众前来打卡参观，尤其是暑期，中运博参观入口总会排起长队，这让我们很欣喜，但也感到惭愧，因为过长的队伍会让观众在户外等待许久。未来，我们希望可以通过宣传、技术的改进以及入口处微环境的调整，让观众错峰出行，有更好的参观体验感。

良好的环境?

脉脉春风与花共语，皎皎明月携风和吟。

中运博伫立在风景优美的国家文化公园之内，博物馆与运河水利风景、公园文体空间、自然生态廊道浑然一体，呈现出园中有馆、馆中见园的意趣。我们不仅要打造好的环境更要打造美的环境，在精心设计的屋顶花园内，观众既可品茶赏花，亦可俯瞰三湾美景；在曲径通幽的内庭院，精巧别致的扬州园林跨越地域阻隔与你相见，扑面而来的是典雅恬静的江南气息。

中运博充分利用馆内公共空间，结合实际建筑功能，最大限度地融合运河文创元素，拓展文创服务项目，将博物馆打造成具有运河文化特色，让公众感到舒适、满意的文化休闲场所。在展厅的公共空间中，设置兼具传统和现代风格的艺术品，同时点缀绿植，营造良好的文化氛围，将运河生生不息的灵动之气贯穿于整个公共空间。

中运博的文创空间别具一格，创新运用运河文化、高品质提炼运河沿岸传统文化元素，打造优质文化空间，提供优质文化创意产品和服务，是中运博服务公众、提升社会服务水平和能力的重要内容。这样一个创意文化场所，不仅是展览的延伸，也成为为观众提供体验运河文化的又一空间。

吾日三省吾身。

中运博的建成，体现了高质量发展、文旅创新融合的新时代要求。在策展期间，我们一方面以弘扬运河文化为立足点，不断调整策展方案、打造优质文化环境，努力建设成为一个一流博物馆，最大限度地释放公共文化服务潜力；另一方面聚焦游客观展体验，完善公共服务设施，努力打造一个 AAAA 级以上的旅游景区，提升其对城市的旅游贡献度。

当前取得的一些开放运营成效，仅仅是中运博的开端，路漫漫其修远兮，奋发有为正当时，"运博人"也将继续努力，将中运博打造为一个经久耐看、好玩有趣、内涵深厚的博物馆。

　　中国大运河贯穿南北五大水系、流经八个省市，绵长的千年水脉流淌至今，润泽两岸百姓，其文化底蕴已成为大运河国家文化公园乃至沿线运河城市文旅融合高质量发展的充足养分。

　　围绕江苏省委提出的将大运河江苏段"打造高颜值的生态长廊、高品位的文化长廊和高效益的经济长廊"的要求，中运博未来将从以下三点入手，提升高度，彰显文化自信，推动以大运河为代表的中华民族优秀特质的创新性表达。

　　发挥在大运河文化带和国家文化公园建设中的重要作用。中国大运河是世界文化遗产，同时也具有强烈的文化景观色彩，特别是江苏段大运河文化遗产的景观价值，既是中国大运河申遗成功的重要内容，也是大运河带给沿岸人民美好生活的重要内容。

　　大运河文化带建设主要体现运河沿线经济社会的发展，强调沿岸城市的交流、交往与互通、互利，以史鉴今。通过中运博这个公众交流平台，有意识地组织相应活动，策划体现运河文化的展览，让公众认识到大运河文化带建设就是发挥交通连通、经济相通、民心沟通的作用，是文化融合、国家治理的重要内容。

　　国家文化公园在中国尚为首创，几乎没有规范的标准、配套的法律、成熟的理论和成功的经验。基于这样的考量，我们希望作为首座国家文化公园内的博物馆，中运博能够为国家文化公园建设提供探索意义，其空间和展览能为国家文化公园提供文化服务和旅游体验，能成为公众喜爱的学习教育地、文化休闲地和旅游目的地。

　　同时希望通过各类展览，让中国大运河的宏观画卷立体化呈现，在时空中相遇与碰撞，绽放出新的光彩。公众参观的多元体验、分众体验的多样性，汇聚起来达到"园中有园""园外见园""园以寄文"的效果，使得中国大运河博物馆吸引越来越多的公众。

　　扩大大运河遗产价值、文化价值的传播力和影响力。建设好中运博，必须有较强的业务研究能力作为依托和支撑。中运博将充分利用设立的"大运河文化研究部"，加大对历史和遗产的挖掘、研究力度，进一步提升研究大运河遗产价值、文化价值的能力。构建大运河科学研究的人文平台，让公众更真实、更可信、更直观地了解大运河发挥的巨大作用。

在扩大传播力方面，中运博将通过博物馆展览和教育活动、文创开发，打造一个以实物和故事说话的实体博物馆，同时充分利用互联网打造一个虚拟的网络博物馆，如5G大运河、历史景观再现、大运河虚拟展示平台等，让公众更多了解中运博，认识中国大运河。同时积极扩大"朋友圈"，与世界运河及运河城市保持文化上的交往交流，从运河遗产到运河文化、运河旅游，不断推进，持续发展。

提升公共文化服务能力和旅游贡献度。中运博将打造文旅融合目标下的博物馆，既服务国家文化建设的发展大局，也服务地方经济社会的协调发展；既要有社会效益，又要有旅游贡献度。同时强化博物馆展览的有效传播，让观众"看得懂、有收获、受教育"；强化博物馆服务的品质效能，做到"高品位、有温度、有美感"。

中运博也将提前谋划运营方式，加强与南博在业务上的合作联合，加强与兄弟馆的学习，实现差异化发展，加强与扬州市在管理与旅游贡献度上的结合，共同努力建好一座高品质、国家级、公众喜爱的博物馆。

简以概之，国家文化公园内博物馆建设首先需贯彻好习近平总书记关于国家文化公园的系列重要论述和指示，并从自身的历史文化背景出发，以全球视野、中国高度、时代眼光加强顶层设计，确保国家文化公园与博物馆内外景观和文化属性上的协调与连续性；其次需加大文化创意和展览策划力度，寻求契合不同国家文化公园内涵的文旅融合发展创新途径，打造区域性、民族性、世界性兼容的文化名片；再次需综合考虑并串联好相关的物质文化遗产和非物质文化遗产，充分呼应其他个体文化公园，进而形成跨地区的、线性的文旅融合区、文旅精品线路，让系列国家文化公园与大运河等文化带建设协同发展，实现多方互惠共赢的局面。

新时代，新目标，新发展，一个优质的公共文化服务单位，一个温馨的旅游目的地，是扬州中国大运河博物馆，给历史、时代和未来的答卷。

后　记

中国大运河是活态的文化遗产和流动的历史文脉，具有沟通南北、促进融合的历史作用。"因运而生：中国大运河博物馆基本陈列"展览通过三个内容全面、形式创新、空间恢宏的常设展览，全流域、全时段、全方位展示中国大运河的历史面貌和文化价值，并因此荣获第十九届（2021年度）"全国博物馆十大陈列展览精品推介活动"精品奖。而在2022年，中国大运河博物馆又有幸加入"中国博物馆陈列展览精品·策展笔记"丛书出版计划，向公众展示"因运而生：中国大运河博物馆基本陈列"展览策展过程台前幕后的创意亮点。

虽然我们加入"中国博物馆陈列展览精品·策展笔记"丛书编写计划较晚，在撰写之初面临着时间紧、任务重等难题，但这并没有令我们知难而退。回顾全书的撰写过程，要特别感谢南京博物院对编写团队的帮助，在南京博物院名誉院长龚良、副院长王奇志等院领导的指导下，我们深度挖掘三个基本陈列展的内涵，同时结合中国博物馆协会与浙江大学出版社的整体要求，第一时间确定了全书的框架结构。编写团队在实际撰写过程中也遇到了策展资料保存较少、对展览思路阐述不准确等困难。所幸，南京博物院的曹军、田甜、张莅坤、钱钰等多位老师为我们提供了宝贵的策展资料并进行了悉心指点，帮助我们的团队准确把握每一个展览的核心内容，书稿撰写工作得以顺利推进。

全书的成稿亦非一日之功，由于涉及三个基本陈列，如何在兼顾每个展览特点的前提下提炼出中国大运河博物馆基本陈列的总体风格是我们不得不考量的问题，所幸展览展示部摒除纷扰、通力协作，在日升月落中爬梳资料，在星霜荏苒里体悟回顾。他们常常因推敲斟酌而讨论至星斗满天，最终在一遍遍打磨中，以最精准的文字描摹出我们精品展览的状貌。

本书得以顺利成稿，离不开中运博这支年轻的团队，其中徐小虎负责书稿的统稿工作；第一章由谈叶闻撰写；第二章、第五章由朱聿婧撰写；第三章、第四章由孙唤撰写；全书的图片和视频资料由杨静、任子颖、孙思源、张弛、黄天骥、徐秋玮等负责。他们较劲、拼搏，有责任，有担当地推动着这个项目。同时，中国博物馆协会理事长刘曙光先生、浙江大学艺术与考古学院"百人计划"研究员毛若寒博士、浙江大学出版社副编审陈佩钰女士等专家也为我们提供了极大的支持与帮助。正是大家对高品质展览和高水平图书的不断追求，才促使我们精益求精，顺利完成此书，进而能为全国博物馆事业贡献绵薄之力。此外，还要向为中国大运河博物馆三个基本陈列展览策展工作奋斗过的老师们致敬，他们是展览组：万新华、张乐、管琳；"大运河—中国的世界文化遗产"组：林留根、周润垦、曹军、闫龙、于成龙、邬俊、许晶晶、朱晓汀、胡颖芳、高伟、杨汝钰、陈钰、徐勇、史炎炎、贺亚炳、葛昕炜、王会锋、齐军；"运河上的舟楫"组：田甜、张莅坤；"因运而生—大运河街肆印象"组：戴群、钱钰、朱悦箫、王清爽、孙福康、张丹、窦莉君、彭悦，没有他们就没有这么精彩的展览。

从2022年7月到2023年4月，"中国博物馆陈列展览精品·策展笔记"丛书的撰写、修改工作虽然告一段落，但大运河文化带建设一直在路上。中国大运河博物馆也将踔厉奋发，持续为公众提供高质量展览，不断传承大运河文化，讲好中国故事！

由于时间仓促，本书难免存在一些疏漏，不足之处敬请业内专家与广大读者批评指正。